Lectio Divina로 읽는
모세오경 시리즈 2

# 이집트 탈출기

홍인식 씀

엘가미노

Lectio Divina로 읽는
모세오경 시리즈 2

# 이집트 탈출기

2023년 12월 20일 처음 펴냄

**글쓴이** 홍인식 **펴낸이** 정리연 **펴낸곳** 도서출판 엘까미노(제 2021-000015호)
**디자인** 송혜근 **편집** 정리연 **주소** 경기도 시흥시 마유로 443번길
**전화** 010.7383.7124 **이메일** elcamino79@naver.com
**인스타그램** elcamino7979

ISBN 979-11-980438-8-7  03230

이 책은 순천 황전제일교회(담임목사 최천수)의 지원으로 발간되었습니다.

# 자비를 베푸는 일은 민첩하고, 저주를 내리는 데 있어서는 조금 느려도 좋아

### 손은정 목사(영등포산업선교회 총무)

나는 렉시오 디비나로 읽는 성서 읽기법을 신학교에서 배우고 난 이후 지금까지 애용해오고 있다. 이 성서 읽기법은 말씀을 깊게 읽고 들을 수 있게 해준다. 주님과 대화하고 주님과의 관계 속으로 들어가도록 안내해준다. 그래서인지 저자에게 이 책을 받았을 때 친근하고 기뻤다. 게다가 렉시오 디비나와 출애굽기인 이집트 탈출기는 영양 가득한 김밥과 매운 떡볶이처럼 평소 애정하는 조합이었다.

뜨거운 폭염보다 더 속이 끓어오르던 8월 중순의 오후였다. 도저히 일이 손에 잡히지 않아서 자주 가는 까페로 갔다. 따끈한 레몬차를 주문하고 가까운 지인에게 전화해서 하소연과 함께 분노를 쏟아내었지만 마음은 풀리지 않았다. 모든 것을 던져버리고 싶은 마음을 느끼며 내가 취할 수 있는 대응 1,2,3안을 긁적거려 보았다. 동시에 무슨 마음인지 이 책을 꺼내어 읽기 시작했다. 십여 페이지를 읽어 가면서 마음이 슬며시 바뀌는 것을 느꼈다. 나를 화나게 하는 이 사람을 위해서 기도해야 하는구나! 이 책은 나를 폭발 직전까지 가게 한 그 사람을 위해 기도하기로 초대했다. 이것이 어떤 대책보다 적극적인 대책이란 것을 깨닫게 했다. 책을 가방에 넣으며, 까페지기에게 '이젠 마음이 안정이 되었어요' 하면서 나왔다. 이 책 1부의 2-1 〈처지를 생각하시다〉에 나오는 다음 글귀에서 마음이 풀렸던 것 같다.

"정의 실천에 있어서도 우리는 하나님의 방법과 때가 무엇인지를 진지하게 고민해야 한다. 자비를 베푸는 일은 민첩해야 하지만 저주를 내리는 데 있어서는 조금 느려도 좋을 것이다."

저자는 어느 한 자리에 집착하지 않는 분이다. 신학자이기에 상아탑 속에 머물 수 있었고, 이름난 교회 목회자였기에 교회 안에 머물 수도 있었다. 그러나 어느 한 곳에 오래 머물지 않았다. 하나님은 탈출할 수 있는 비상구를 이 신학자에게 늘 보여주셨고, 신실하게 하나님의 뜻을 찾고 탐색하며 기도하는 목회자였기에 그럴 수 있었겠다는 것을 이 책을 읽으면서 알게 되었다.

저자는 이번에 탈출기를 반복해서 읽고 상고하고 다시 기도 중에 곱씹으며 일상의 삶에서 그리고 공동체의 활동 속에서 적용하고 실행에 옮길 수 있는 안내서를 세상에 내어놓았다.

6부로 구성된 이 책은 탈출과 해방은 부르심에서 시작되고 새로운 건설과 공사를 향해 나아감을 보여준다. 이 책은 지금 우리 시대에 필요한 그 영적인 힘을 얻을 수 있는 길을 안내하고 있다.

이집트 탈출기 40장은 매년 사순절 기간에 사용해도 좋을 것이다. 어떤 선택과 결단이 필요한 시기, 40일 작정 기도 기간에 사용해도 퍽 도움이 될 것이다.

구역과 소그룹에서 사용해도 좋고, 청년 모임과 청소년 그룹 모임에서 함께 공동체적으로 사용하면 더할 나위 없이 매우 유용할 것이다.

갈수록 세상은 혼탁하고 우울은 전 세대로 퍼지고 있다. 사회 경제적 불평등이 가파르게 증가하며 분노와 범죄가 늘어나고 불안이 만연하다. 기후위기와 미세먼지로 사실상 앞이 잘 보이지도 않는다. 인공지능이 우리의 정신을 지배하게 될 거란 진단과 예측이 난무하고 있다. 이런 현실 앞에서 우리는 무기력과 현실 안주에서 벗어날 힘이 필요하다. 분열과 불안과 혐오를 조장하며 억압적 질서를 구축하고자 하는 사탄의 세력에 맞서서 새 땅을 향해 탈출을 감행할 힘과 새 땅의 비젼이 필요하다. 이 책은 바로 이 부르심과 비젼을 만날 수 있도록 돕는다.

추천의 글
2

# 성서의 세계로 깊숙이

차정규 목사(신양교회)

늘 새로움으로 가득한 홍인식 목사께서 거룩한 독서 형식으로 책을 내셨다. 성서를 아래로 부터 읽어내는 눈을 갖게 만드는 책 읽기는 신선한 기대를 갖게 한다. 우리 삶의 정황들이 오랫동안 베어왔던 틀에서 다시금 다가설 수 있는 시각들은 성서 속에서 보게 되는 유일한 희망의 근거들이다. 이번 책에서도 그런 깨달음이 있게 된다면 은은한 즐거움이 될 것이다. 우리가 오랫동안 성서를 대했음에도 삶이 바뀌지 않는 이유는 성서 읽기에 우리의 편견과 고정관념들이 우선 작동하기 때문이다. 성서의 세계로 다시금 깊숙이 나가기를 원하는가? 차근 차근 거룩한 독서로 본문을 대한다면 새로운 성서해석의 묵상과 함께 그분의 마음과 뜻을 알게 될것이다. 말씀속에서 말씀하시는 그분의 음성을 우리 모두 듣기를 사모하며 일독을 추천드린다.

# 신학과 영성의 함께 가기

**김홍일**(대한성공회 사제, 한국샬렘영성훈련원 원장)

"나는 머리가 아니라 가슴으로 하나님의 말씀을 소중히 받아들이곤 한다. 그분의 말씀은 나의 지성으로 분석해야할 어떤 것이 아니라 마음 속 깊은 곳에 간직한 채 숙고해야할 어떤 것이다 … 그러므로 단순히 하나님의 말씀을 읽었다는 것만으로는 충분치 않다. 그 말씀은 지성소 안에 거룩한 것들 중 가장 거룩한 것처럼 우리의 내면 깊숙이 파고들어 와 우리 마음속에 아로새겨져야 한다. 그래야 우리가 생각이나 말이나 행동으로 죄를 짓는 일이 없게 된다."

– 디트리히 본회퍼 –

기독교 전통에는 성서를 읽는 두 가지 접근 방법이 있습니다. 첫째는 학문적인 접근으로 말씀을 지적이고 분석적으로 읽는 방법으로, 이같은 성서읽기는 성서신학의 도움과 공헌에 의지하며, 성서본문과 관련된 정보와 내용을 이해하기 위한 읽기(Informational reading)입니다. 두 번째 읽기는 수도원 전통의 접근으로 머리(mind)가 아니라 가슴(heart)으로 읽는 방법이며, 이같은 읽기는 독자를 단어 뒤에 숨겨진 거룩한 실재와 접촉하게 하며, 말씀이 독자를 읽고 변화시키는 변형적 읽기(Transformational reading)입니다. 그러나 이 둘은 분리되어 있기보다 서로를 보완하여 독자들이 말씀을 보다 온전히 이해하고, 하나님을 만나도록 돕습니다.

홍인식 목사님의 'Lectio Divina로 읽는 이집트 탈출기'는 기독교 전통의 이 두 가지 성서읽기를 하나로 통합한 묵상과 통찰이 빛나는 성서공부 교재입니다. 대부분의 성서공부 교재들이 첫 번째 성서읽기에 치우쳐 있고, 간혹 두 번째 성서읽기 방식의 교재들이 있지만 지나치게 치우쳐 있는 점이 늘 아쉬웠습니다. 그런 점에서 'Lectio Divina로 읽는 이집트 탈출기'는 구약성서의 심장과도 같은 탈출기를 독자들이 통합된 관점에서 읽고 공부하며, 살아계신 하나님과 인격적으로 만날 수 있도록 도울 수 있는 귀한 성서공부 교재입니다.

'Lectio Divina로 읽는 이집트 탈출기'의 독창성은 신학자로서 저자의 전문적 지식과 기도하는 사람으로서 저자의 깊은 묵상을 통해 끌어 올려진 통찰이 빚어진 책이라는 점입니다. 이 교재를 읽는 독자들은 성서에 대한 지식이 늘어나는 것과 성서를 읽는 사람들의 변화가 어떻게 연결될 수 있는지에 대해 오랫동안 고민해 온 저자의 깊은 관심을 책 곳곳에서 발견할 수 있을 것입니다.

　무엇보다 '출애굽기'가 구약성서의 히브리인들이 이집트로부터의 해방의 여정에서 만난 야훼 하나님에 대한 원체험의 증언이라는 점과 저자가 한국사회의 대표적인 해방신학자라는 점은 이 책이 갖는 깊이와 의미를 더욱 돋보이게 합니다.

　필자가 이 책을 주목하게 되는 또 다른 이유는 저자의 목회 경험을 토대로 집필되었다는 점입니다. 저자는 전문 지식이 없는 신자들이 혼자서, 혹은 작은 그룹이 책의 안내에 따라 '출애굽기'를 함께 읽어가며 신학과 영성이 통합된 성서읽기와 공부를 할 수 있도록 친절하게 배려하고 있다는 점이며, 이는 이 책의 가치를 더욱 높여줍니다.

여는 글

# 단순한 벗어남을 넘어 전환의 삶으로, 다시

2023년, 코로나가 아직도 발생하기는 하지만 우리는 코로나를 현실 자체로 받아들이고 더불어 살아가고 있습니다. 코로나는 우리 삶의 형태를 변화시켰고 또 계속해서 변화시켜 나갈 것입니다.

코로나가 교훈적 의미에서 우리에게 준 핵심 단어는 '전환'입니다. 코로나는 현재의 시스템, 정치 경제 그리고 일상적 삶의 체제로는 안 된다는 것을 보여주었습니다. 그것을 우리는 탈(脫)이라는 단어로 표현해도 좋을 것입니다. 탈(脫)인간, 탈(脫)서구, 탈(脫)성장, 탈(脫)종교 등 '탈'은 단순한 벗어남이 아닙니다. 그것은 대안적 삶을 향합니다. 그래서 전환이 아니겠습니까. 방향을 바꾸어 걸어가는 것입니다.

코로나 시대는 우리에게 더욱 전환과 전복을 요구하고 있습니다. 지금까지의 생각을 일부 고치는 것이 아니라 완전하게 바꾸기 위하여 노력해야 한다고 이야기합니다. 우리의 믿음 체계인 교리, 제도, 교회에 관한 생각을 처음부터 뒤집어서 생각해 보는 노력을 해야 합니다. 우리가 지금까지 해 오던 방식을 한번 점검해 보면 어떻겠습니까? 그래서 바뀔 것이 있다면 과감하게 전환해야 하지 않겠습니까?

그런 의미에서 이집트 탈출기는 우리에게 '전환'에 대하여 생각하게 합니다. 이집트에서 노예로 살아가던 히브리 민족이 살던 곳을 '탈' 하여 '전환'의 길에 들어서는 모든 과정에 대한 이야기입니다. 그들은 익숙해 있던 예전의 삶의 방식에서 벗어나야만 했습니다. 새로운 삶의 방식을 택해야만 했습니다. 수년 전 히브리 민족이 처해있던 상황은 오늘 코로나 이후를 살아가는 우리 삶의 정황과 유사합니다. 히브리 민족은 이집트를 탈출합니다. 그리고 광야를 거쳐 새로운 땅 '가나안'으로 향합니다. 그것은 탈과 전환의 과정입니다.

이런 의미에서 Lectio Divina형식으로 다시 읽어보는 '이집트 탈출기'는 우리 모두로 '탈'과 '전환'에 대하여 생각게 할 것입니다. 코로나 이후를 살아가는 기독교 신앙인으로서 오늘의 삶을 어떻게 살아가야 할지를 고민하게 할 것입니다. 본서는 각자가 삶의 현장에서 매일 삶의 순간에서 하나님께 예배드릴 수 있도록 고안되었습니다. 새벽 기도회 혹은 수요 성경공부에서 교우들이 함께 생각을 나누며 묵상하며 기도할 수 있습니다. 많은 분이 본서를 통하여 '탈'과 '전환'의 진정한 '이집트 탈출'을 경험하고 '가나안'땅으로 들어서는 계기가 되었으면 좋겠습니다. 본

서가 출간되도록 지원해 준 전라남도 순천의 황전제일교회(담임
목사 최천수) 당회와 교우들에게 깊은 감사를 드립니다. 또한 책
을 만드느라 수고한 편집장과 디자이너에게도 감사를 표합니다.

2023년 12월, 새해의 소망을 담아
**홍인식** 드립니다.

## Lectio Divina, 삶에 적용하기

『이집트 탈출기』는 교회의 오랜 전통인 '거룩한 독서' 형식을 따르고 있습니다. 먼저 집중해서 읽고(lectio), 깊이 묵상합니다(meditatio). 묵상은 삶의 자리와 연결되며, 하나님의 말씀은 살아있기에 삶의 문제와 대면하게 합니다. 우리를 기도의 세계로 인도하며(oratio), 말씀에서 출발한 기도는 진리의 세계로 이끕니다. 하나님과 만나는 기회를 줄 것이며, 그 경험은 하나님 나라를 바라보고 머무는 시간으로 인도합니다(contemplatio). 마지막으로 거룩한 독서는 신행(信行)으로 이끌 것입니다(actio).

읽기 – 묵상하기 – 기도하기 – 하나님 안에 머물기 – 실천하기를 통해 우리는 특정한 장소를 넘어 삶의 현장에서 진리와 영으로 하나님을 예배할 수 있습니다. 각 장은 전체적으로도 소제목별로도 묵상할 수도 있습니다. 또한 말씀 묵상을 중심으로 기도의 예를 제시하고 있습니다. 이 기도문이 삶의 정황에 따라 구체적으로 발전되기를 기대합니다. 기도 후에 하나님 안에 머물기(觀想, contemplatio)는 낯선 경험일 수도 있습니다. 이를 위해 '함께 읽으면 좋은 책'을 소개합니다(276쪽).

마지막 단계로 오늘의 실천(actio)에서는 '신앙(信仰)은 신행(信行)이다(믿고 우러러 보는 것에서 믿음으로 행하기)'를 명제로 각자 할 수 있는 일 한 가지씩을 제안합니다. 거룩한 독서로 예배드린 후 실천을 통해 우리의 예배를 완성하는 게 중요합니다.

차례
Contents

# 제1부 내가 너를 불렀다

# 제2부 이집트를 빠져나오던 밤

## 제5부 성막을 준비하다

## 제6부 성막 공사를 시작하다

제 **1** 부

# 내가 너를 불렀다

# 억압을 받을수록

Lectio

본 문: 출애굽기 1장 1절부터 22절까지
찬 송: 456장(거친 세상에서 실패하거든)

## Meditatio

기억 속에서 사라지는 하나님

야곱도 세상을 떠나고 요셉도 조상 곁으로 돌아갔다. 그리고 세월이 더 흘렀다. 하나님이 히브리 민족을 가나안 땅에서 이집트까지 어떻게 인도하셨는지 몸소 체험하고 보고 들었던 세대는 모두 세상을 떠났다. 야곱과 요셉의 후손들만 남았다.

그들의 기억 속에서 점차 하나님에 대한 믿음이 사라지고 있었다. 세월이 흐르고 이집트 생활에 익숙해지면서 하나님이 그의 조상들을 어떻게 인도하셨으며, 조상들은 하나님을 어떻게 섬겼는지 점점 잊어버리게 되었다.

성서는 이러한 후손들의 상태를 "세월이 지나서 요셉과 그의 모든 형제와 그 시대 사람들은 다 죽었다"라고 기록하고 있다. 믿음의 선현들의 죽음과 더불어 하나님에 대한 기억이 사라지는 것은 안타까운 일이 아닐 수 없다. 그런데도 사람들은 그런 일에 곧 익숙해진다.

## 삶에 익숙해질 때

삶에 익숙해지고 있고, 안정된 생활을 하면서 우리는 점차 하나님에 대하여 기억하려 하지 않는다. 하나님의 이름을 떠올리고 언급하는 건 현재의 삶에 전혀 도움이 되지 않을 뿐만 아니라 오히려 방해된다고 생각하기도 한다. 오랜 세월 동안 이집트의 안정된 생활은 하나님 없이도 충분히 살아갈 수 있다는 생각을 하게 만들었다.

성서는 "이스라엘 자손은 자녀를 많이 낳고 번영하여 그수가 불어나고 세력도 커졌으며 마침내 그 땅에 가득 퍼졌다"라고 기록함으로써 우리에게 히브리 민족의 번영과 하나님에 대한 망각이 연관되어 있음을 암시하고 있다.

이러한 기록은 우리에게 과연 번영이 절대적으로 좋은 것인가에 대하여 의문을 갖게 한다.

## 번영과 하나님의 복

믿는 사람들 사이에서 인기를 끌고 있는 '번영의 신학'이 과연 성서에 따른 신앙인가에 대하여 다시금 생각하게 만든다. 하나님을 망각하게 하고 더 나아가 하나님을 불필요한 존재로 생각하게 만들거나 하나님을 단순히 우리에게 번영을 가져다주는 도구로 전락하게 하는 것은 분명히 비성서적이며 반기독교적임을 기억해야 한다.

우리는 히브리 사람들의 이집트에서의 번영이 반드시 좋은 것만은 아니었다는 것을 이집트탈출기를 통하여 보게 될 것이다. 히브리 백성들은 물질적인 풍요 속에서 하나님을 망각하는 삶을 살아가고 있었다. 그러나 그런 안락하게 보이는 삶도 종말을 고하게 될 것이다.

## 토착민의 시기

이방인의 번영은 토착민의 시기를 불러일으키는 것일까? "요셉을 알지 못하는 새 왕이 일어나서 이집트를 다스리게 되었다." 그는 히브리 백성들의 번영을 보면서 위기 의식을 느끼게 되었다. 이대로 두면 이집트가 온통 히브리 사람들 천지가 될 것이라는 우려였다. 그래서 그는 히브리 민족을 향한 억압 정책을 구사하기 시작한다. 히브리 사람들의 지나친 번영이 오히려 화를 불러일으키고 있는 것이다.

그럼에도 불구하고 히브리 사람들은 오히려 더 번창한 복을 누리게 되었다. 그리고 그것은 이집트 지배계층으로 하여금 더욱 강력한 억압 정책을 사용하도록 만들었다. 이제 히브리 사람들의 안락하고 평안했던 이집트에서의 삶이 종말을 고하고 있었다.

### 박해와 시기의 때

그러나 이러한 고난은 하나님이 만들어 주신 것이다. 안락한 생활 속에서 하나님에 대한 기억이 점차 희미해져 가던 그들에게 때아닌 그리고 영문 모르는 박해와 고난은 하나님에 대한 기억을 되살리게 했다.

그렇다. 번영이 반드시, 절대적으로 우리에게 유익한 것이 아닐 수 있듯이 삶에서 당면하는 고난도 마찬가지이다. 고난과 어려움이 악이 아닐 수도 있다. 그것을 통하여 우리의 삶을 성찰하는 기회가 될 수 있다면 말이다.

### 요셉을 모르는 왕

요셉을 모르는 왕이 일어나서 히브리 사람들을 박해하고 억압하기 시작한 사건은 이들이 다시 하나님의 약속을 기억하도록 인도하고 있다. 이제 히브리 사람들은 이러한 억압을 통하여 또다시 하나님의 약속을 이행하기 위한 인생의 여정의 길에 나서게 될 것이다. 이집트 왕의 억압이 히브리 민족으로 하여금 오히려 민족을 새롭게 만들고 하나님과의 약속을 갱신하도록 만들고 있다.

### 억압이 심해지면 심해질수록

억압이 심해질수록 히브리 사람들은 하나님에게 매달리기 시작한다. 성서는 산파들이 이집트 왕의 명령에도 불구하고 히브리 사람들의 남자아이를 모두 살려내는 모험을 하고 있음을 기록하고 있다. 산파로 대변되는 히브리 사람들은 박해와 억압 속에서 이집트 왕의 명령보다는 하나님을 더 두려워하는 마음을 가지게 되었다. 하나님에 대한 기억을 되살리고 하나님을 섬기는 결단을 내리게 되었다.

고난이 그들로 하여금 하나님에게 돌아오도록 만들었다. 그들은 억압을 받으면 받을수록 번영하게 되었고 더욱 강해지게 되었다. 그러나 또 다른 한편으로 이집트 왕의 억압은 새로운 강도로 히브리 사람들을 압박하게 될 것이다.

강해지는 억압 앞에서 하나님은 어떻게 그의 백성들을 인도해 주실 것인가? 이집트 탈출기는 바로, 히브리 백성이 억압과 박해로부터 해방, 우리를 자유롭게 하시는 하나님의 이야기이다.

### oratio

주님, 우리의 삶의 여정을 통하여 나타나는 하나님의 구원의 역사를 잊어버리지 않도록 우리로 날마다 깨우쳐 주소서.

### contemplatio

억압하면 할수록

### actio

어떤 순간에, 무엇이 하나님을 우리의 기억 속에서 잠시 잊어버리게 했는지 생각해 보자. 요즘의 삶에서는 어떠한가?

하도 잘 생겨서

Lectio

본 문: 출애굽기 2장 1절부터 10절까지
찬 송: 552장(아침 해가 돋을 때)

Meditatio

박해에도 불구하고

이집트 사람들의 박해에도 불구하고 히브리 백성들의 숫자는 불어나기만 하였다. 하나님의 사랑의 역사는 억압과 방해에도 불구하고 실패하지 않는다. 하나님을 두려워하는 히브리 산파들은 딸만 살려두고 아들은 죽이라는 이집트 왕실의 명령에도 불구하고 따르지 않았다.

하나님은 곳곳에 히브리 산파와 같은 하나님의 사람들을 남겨두었다. 그리고 그 사람들을 통하여 자신의 나라를 확장해 나가신다. 하나님 나라는 어떠한 상황 속에서도 힘차게 뻗어 나가는 나라이다. 눈에 보이지는 않지만, 곳곳에서 남아있는 자로 살아가는 하나님의 사람들에 의하여 이루어지고 있다.

## 한 아이가 태어나다

레위 가문의 한 남자의 집안에 한 아기가 태어났다. 아기는 장차 히브리 민족들을 이집트의 학정에서 구해 낼 모세가 될 것이다. 그러나 모세는 태어날 때부터 목숨을 잃게 될 운명에 처해 있었다. 히브리 백성을 구해 낼 하나님의 구원 계획은 위태롭기만 하다.

레위 사람은 아기를 죽게 할 수가 없었다. 그는 아들을 여러 달 동안 숨겨서 길렀다. 그러나 더 이상 숨길 수가 없는 상황이 되자 갈대상자를 구해 그 안에 넣어 나일강에 흘려보낸다.

아들을 낳았는데도 버리지 않고 숨겨서 기른 것은 대단히 위험한 일이었다. 이집트 왕의 명령을 어긴 것이었다. 어쩌면 그의 아들뿐만 아니라 전 가족이 몰살당할 수 있는 상황이었다. 그는 왜 그런 위험한 일을 행했던 걸까?

## 하도 잘 생겨서

성서는 그 이유를 이렇게 기록하고 있다. "그 아이가 하도 잘 생겨서 남이 모르게 석 달 동안이나 길렀다(2:2)." 그렇다. 레위 사람은 아이를 '하도 잘 생기게' 보았다. 이것은 단순하게 아이의 육체적인 아름다움만을 이야기하는 게 아니다. 하나님은 레위 사람에게 그 아이를 향한 하나님의 뜻이 무엇인지를 어렴풋이 깨닫게 해주었다는 것을 의미한다.

아버지는 하나님이 그 아이를 선택하였음을 알게 되었다. 그는 하나님의 선택을 받은 아들을 그대로 버릴 수는 없었다. '하도 잘 생겼기' 때문이다.

## 분별의 능력

하나님은 이처럼 우리에게 하나님의 뜻을 어느 정도 깨달을 수 있는 능력을 주셨다. 우리로 하여금 하도 잘 생긴 것이 무엇인지를 볼 수 있게 하셨다. 그럼에도 불구하고 우리는 하도 잘 생긴 것을 보더라도 곧잘 외면하곤 한다. 그러나 모세의 아버지는 그렇게 하지 않았다.

하도 잘 생긴 것을 보고 그 뜻을 실천하기 위해서 인간으로 할 수 있는 최선의 노력을 하고 있다. 성서는 모세의 아버지가 석 달 동안 그 아들을 숨겼다고 기록함으로써 그가 인간으로서 최선의 노력을 했음을 보여준다. 우리는 하나님의 뜻을 발견하고 그 뜻을 실천하기 위해 최선을 다해야 한다. 그리고 나머지는 하나님에게 맡겨야 한다.

## 갈대상자에 담아

모세의 아버지는 최선을 다한 후에 아이를 갈대상자에 담아 나일 강에 흘려보낸다. 물 위에 흘려보내는 행위는 전적으로 하나님의 인도하심에 아이의 생명을 맡긴다는 의미이다. 강에 흘려보내는 것! 석 달 동안의 기간을 통하여 인간의 할 일을 다 한 모세의 아버지가 더 이상 할 수 있는 일은 없다.

이제 하나님의 인도하심을 바라는 것 외에 할 일이 무엇이 더 있을 수 있단 말인가? 그는 갈대 상자에 아들을 담아 나일강에 흘려보낸다. 하나님의 인도하심과 섭리의 강에 아들을 내맡긴다.

인간이 마음으로 일을 계획할 지라도 걸음 하나하나를 인도하시는 분은 하나님이시지 않는가. 모세의 운명은 오직 하나님의 손에 달려 있다. 우리는 단지 하나님이 하시는 일을 바라보고 있을 뿐이다.

바로 그때!

바로 그때였다. 바로의 딸이 강가로 내려왔다. 갈대상자를 발견한 공주는 그 속에 있는 아이를 발견하고 아이를 건져낸다. 마침 근처에서 아이의 운명을 지켜보던 모세의 누이를 통하여 공주는 아이를 기를 유모를 선택하게 되고 아이는 돌고 돌아 어머니 손에 되돌아오게 된다.

묘한 우연이라고 말하지 않을 수 없다. 돌고 돌아 다시 집으로 돌아온 모세! 과연 우연인가? 성서는 이것을 '마침'(공동번역 then)이라는 단어를 통하여 그 사건들이 우연이 아니었음을 분명하게 말해주고 있다. '마침, 바로' 그것은 하나님의 때였다. 하나님의 시간, 카이로스를 의미하고 있었다(2:5).

## 하나님의 때를 기다리면서

하나님은 그 시기를 기다리고 계셨다. 우리의 삶은 하나님의 카이로스에 의존한다. 우리는 우리의 때가 아닌 하나님의 때를 기다리며 사는 것이다. 믿음이란 이처럼 갈대상자를 나일 강에 흘려보내면서 하나님의 때를 기다리는 것이다. 그리고 그 때는 마침내 우리에게 이루어질 것이다.

이렇게 모세는 하나님의 때에 맞추어서 자라나게 되었다. 그리고 하나님의 때에 맞추어서 이집트 궁전의 화려함을 떠나 험악하고 외로운 광야의 삶을 살아가게 될 것이다.

이후 모세의 삶에 발생하는 일련의 사건(2장의 살인사건과 광야로 피신)들은 하나님의 때에 맞추어서 일어나게 됨으로써 그로 하여금 하나님이 그를 선택한 '바로' 그 일을 하게끔 만들어가게 될 것이다. 우리는 그저 하나님이 인간의 역사 속에서 하실 일을 기대하면서 그 일에 동참하고 있는 것이다. 일을 이루시는 분은 오직 하나님뿐이심을 확신하면서.

### oratio

주님, 분별의 지혜와 더불어 하나님의 때를 기다리며 인내하게 하소서

### contemplatio

'하도 잘 생겨서'의 의미

**actio**

   하나님의 뜻을 분별하기 위하여 내가 주의해야 할 일이
무엇인가를 생각해 보자.

## 02-1

## 처지를 생각하시다

본 문: 출애굽기 2장 11절부터 25절까지
찬 송: 330장(어둔 밤 쉬되리니)

**Meditatio**

### 모세의 분노

하나님의 역사로 목숨을 건진 모세는 바로의 궁전에서 성
장하게 되었다. 그럼에도 불구하고 그는 자신의 정체성을
잃지 않고 살아갔던 것 같다. 아마도 그의 친모가 유모로 그
를 키우면서 자신의 출신에 대한 이야기를 들을 수 있었고
그로 인해 정체성을 유지할 수 있었던 것으로 짐작된다(11절,
왕궁 바깥으로 나가 동족에게로 갔다가… 모세는 히브리 민족들
이 자신의 동족임을 잘 알고 있었다).

그러던 어느 날 그의 삶을 송두리째 바뀌게 만드는 사건
이 발생한다. 왕궁 밖으로 나갔다가 히브리 사람이 이집트
사람에게 매를 맞는 장면이 목격하게 된다. 그는 격분하여
그만 이집트 사람을 쳐 죽이고 그를 암매장하기에 이른다.

엉뚱한 결과

모세는 그것을 매우 의로운 일이라고 생각하여 행하였던 것으로 보인다. 내 동족이 다른 민족에게 매를 맞는 것을 도 저히 참을 수 없었을 것이다.

그런데 이 사건은 엉뚱한 결말을 맞게 된다. 모세는 도움 을 주었다고 생각한 일이 정작 다른 히브리 사람들에게는 그리 좋은 일로 받아들여지지 않았던 것이다. 오히려 이 일 로 인하여 모세에 대한 평판이 나빠지게 되었다.

사건 다음 날 모세는 다시 왕궁 바깥으로 나갔다. 그 때 히브리 사람들끼리 싸우는 모습을 발견하고 그 싸움을 말리 려고 하나 히브리 사람들은 모세의 중재를 거부하고 오히려 모세를 힐난하는 모습을 보인다. 놀란 모세는 자신의 살인 행위가 발각된 것을 알아차리고는 급히 광야로 피신하게 된 다. 모세의 삶이 급격히 변화되는 순간이다. 왕궁의 삶에서 광야의 삶으로 바뀌는 순간이다.

폭력의 정당성?

그러면 왜 이러한 엉뚱한 결과가 발생했을까? 다름 아닌 모세의 분노가 폭력의 형태로 나타났다는 데 있는 것은 아 닐까? 자신의 동족인 히브리 사람이 이집트 사람에게 메를 맞는 폭력적인 상황에서 그는 또 다른 폭력으로 그 상황을 제압하고자 했다. 그는 그 상황에서 자신의 가슴 깊은 곳에 서부터 쏟아져 나오는 분노를 억누르지 못하고 그것을 폭력의 방법으로 해결하였다.

물론 여기서 모세의 폭력 행위를 단순하게 해석하여 단편적으로 비난할 수 만은 없을지도 모른다. 히브리 사람이 이집트 사람의 폭력에 의해서 맞아 죽는 상황이었을지도 모르기 때문이다. 그리고 그러한 상황에서 더 큰 폭력을 막기 위해 폭력을 사용했을지도 모르기 때문이다.

## 복은 빠르게, 저주는 느리게

어떤 행위에 대하여 우리가 단순하게 해석하고 정죄할 수는 없을지도 모른다. 그러나 이러한 모든 신중한 태도를 넘어서서 성경이 보여주는 입장이 무엇인가를 우리는 살펴보아야 한다.

그런데 분명한 것은 성경은 오늘 살인까지 이르게 되는 모세의 폭력을 정당화하고 있는 것 같지는 않다. 성경은 출애굽기 2장에 기록되어 있는 왕궁 밖에서의 사건과 광야의 우물 옆에서 발생하는 두 사건을 비교하고 있다. 특별히 광야의 우물에서 목자들과 여인들 사이에서 발생하는 폭력 상황에서 취하는 모세의 태도를 통하여 우리는 폭력에 대한 성경의 메시지를 볼 수 있게 될 것이다.

모세의 폭력은 결코 좋은 결과를 가져오지 않았다. 그는 자신을 죽이려고 하는 바로를 피해 광야로 도망가지 않을 수 없었다. 좋은 일을 했는데 왜 이런 결과가 나왔을까? 좋은 일을 한다고 해서 모든 것이 좋은 결과를 가져오는 것은 아니다.

우리가 정의를 위한다고 하면서도 얼마나 많은 경우에 파괴적인 결과를 가져오게 했는지, 오히려 공동체를 파괴하지는 않았는지, 엉뚱한 결과를 가져오게 하지는 않았는지…

그러기에 우리는 신중해야 한다. 자신의 의가 아니라 하나님의 때와 하나님의 방법을 사용하여야 하는 것이다. 인간의 방법으로 하나님의 때를 앞당기거나 늦추려는 시도는 이처럼 엉뚱한 결과를 낳게 되기도 한다는 것을 명심해야할 것이다.

정의 실천에 있어서도 우리는 하나님의 방법과 때가 무엇인지를 진지하게 고민해야 한다. 자비를 베푸는 일은 민첩해야 하지만 저주를 내리는 데 있어서는 조금 느려도 좋을 것이다.

주님은 은혜롭고 자비로우시며, 노하기를 더디하시며, 인자하심이 크신 분이시다(시 103:8, 145:8). 그리고 주님께서는 은혜롭고 자비로우시며, 오래 참으시며, 한결같은 사랑을 늘 베푸시고, 불쌍히 여기는 마음이 많으셔서, 뜻을 돌이켜 재앙을 거두기도 하시는 분이기 때문이다(욜 2:13).

## 광야의 모세

어느 정도의 세월이 흐른 후 광야로 피신한 모세가 맞이한 첫 번째 상황도 역시 폭력적인 상황이다. 우물 가에서 발생한 일이다. 남자 목자들이 낙타에게 물을 먹이러 온 여자들을 못살게 굴고 쫓아내려고 했다.

모세의 반응이 궁금하다. 그런데 모세는 의외의 반응을 보인다. 그 전과는 달리 폭력적인 상황에 폭력으로 대항하지 않는다. 성경은 이러한 모세의 반응을 다음과 같이 전하고 있다. "모세가 일어나서 그 딸들을 도와 양 떼에게 물을 먹였다"(17절).

유사한 폭력의 상황에서 모세의 반응은 전혀 달랐다(12절과 17절). 무엇이 모세를 변하게 했는 가에 대해서 성경은 침묵하고 있다. 그러나 출애굽기 2장에서 성경은 단지 똑같은 상황에서 서로 다른 행위가 가져오는 결과에 대하여 주목하고 있음을 보게 된다.

여자들을 도와줌으로써 폭력의 상황을 슬기롭게 이겨 나간 모세에게 발생한 결과는 이집트에서의 그것과는 전혀 다른 것이었다. 환대를 받는다. 그가 이집트에서 자신의 동족들에게 거부당한 것을 생각해 보면 광야에서의 환대는 엉뚱한 것인지도 모른다.

모세는 이러한 삶의 경험을 통하여 점차 온유의 사람으로 변화되어갈 것이다. 그래서 성경은 후일 그가 세상에서 가장 겸손하고 온유한 사람이었다고 말한다(민 12:3).

후일 백성들이 금송아지를 만들어 놓고 하나님을 배반하는 행위를 했음에도 그는 하나님 앞에 자신을 내어놓고 백성들을 위하여 기도하기도 한다.

"이 백성이 자기들을 위하여 금신을 만들었사오니 큰 죄를 범하였나이다. 그러나 합의하시면 이제 그들의 죄를 사하시옵소서! 그렇지 않사오면 원컨대 주의 기록하신 책에서 내 이름을 지워 버려 주소서!"(출 32:31,32)라고 하였다.

어떤 삶의 태도가 하나님의 선택을 받는지 깨닫는 순간이다. 하나님의 방법과 하나님의 때에 맞추어서 우리의 삶을 살아가야 하겠다.

### 우리의 처지를 생각하시는 하나님

한편 이집트에서 살아가고 있는 히브리 사람들의 삶은 비참하기 이루 말할 수 없었다. 그들은 하루하루 살아가기 힘든 사람들이었다. 더 이상 살수 없는 처지에 이르게 된 그들은 탄식하며 부르짖었다. 너무 살기가 힘들어서 내는 외마디 신음소리들이었다. 그런데 놀라운 일이 발생한다.

오늘의 말씀은 이 고통 소리가 하나님께 이르렀다고 기록하고 있다. 정말 놀라운 일이다. 하나님이 들으셨다니! 우리의 고통소리를, 우리의 신음소리를, 우리의 탄식소리를. 성경은 여기서 그치지 않는다.

탄식 소리를 들으신 하나님은 아브라함과 이삭 그리고 야곱과 세우신 약속을 기억하셨다. 이스라엘 자손이 종살이하는 것을 보시고 이들의 어려운 처지를 생각하셨다. 얼마나 놀랍고 기쁜 소식인가. 하나님이 우리의 사정을 생각해 주시다니.

구원과 해방은 이렇게 발생하는 것이다. 하나님이 우리의 사정과 처지를 생각하심으로서 발생하는 것이다. 우리의 구원과 도움은 어디서 오는 것인가? 천지를 만드신 하나님에게서 온다.

오늘 우리는 우리의 처지를 생각해 주시는 하나님과 함께 살아가는 귀중한 존재이다. 하루를 살아가면서 우리의 처지를 생각해 주시는 하나님과 동행하며 넉넉한 마음으로 살아가자. 그리고 우리의 탄식 소리를 들으시는 하나님께 호소하자. 하나님의 해방, 구원과 사랑의 공식을 생각해 보자.

**출애굽기의 중요한 공식 I**

울부짖음 → 하나님께 상달됨 → 들으심 → 기억하심 → 돌보심 → 기억하심

**oratio**

주님, 우리의 사정을 생각해 주시는 하나님이 계시기에

오늘도 아픔과 고통 그리고 어려움 속에서도 용기를 가지고
살아가게 하소서. 주님만 의지하고 오늘도 힘차게 살아갑니
다. 감사합니다.

**contemplatio**

우리의 처지를 돌아보심

**actio**

하나님께 우리의 말 못할 깊은 사정을 말해보자.

## 03

# 보았다, 안다 그리고 이끌어 내리라

**Lectio**

본 문: 출애굽기 3장 1절부터 22절까지
찬 송: 324장(예수 나를 오라 하네)

**Meditatio**

### 이상한 불꽃

하나님의 섭리하심에 따라 광야에서 목자가 되어 살아가고 있는 모세에게 어느 날 이상한 현상이 눈에 띄었다. 양떼를 몰고 호렙 산으로 다가 갔을 때의 일이다. 나무가 불이 붙었는데도 전혀 타지 않고 있는 모습을 보았다. 이상히 여긴 그는 나무에 가까이 다가갔다.

### 불붙었으나 타지 않는 나무!

하나님 나타나심의 징조였다. 그러나 하나님에 대한 경험이 없었던 모세는 그것을 알아차릴 수가 없었다. 그는 호기심을 가지고 다가섰다. 그 때 하나님의 음성이 들렸다. 자신의 이름을 부르시는 하나님 앞에 선 그는 하나님의 음성을 들을 준비가 되어 있음을 밝혔다.

## 하나님 앞에 서다

처음으로 하나님 앞에 선 모세! 그에게 첫 번째로 들려진 하나님의 음성은 우리의 기대를 무색하게 만든다. 그에게 큰 사람이 되게 하겠다는 희망차고 아름다운 약속을 줄 것으로 기대하였던 우리의 상상은 무참하게 깨진다. 하나님이 모세에게 하신 말씀의 내용을 살펴보자.

## 신을 벗어라

하나님이 모세에게 들려주신 첫 번째 말씀을 성서는 이렇게 기록하고 있다. "이리로 가까이 오지 말아라. 네가 서 있는 곳은 거룩한 땅이다. 너는 신을 벗어라."

모세의 이름을 부르면서 나타났던 하나님이 이제는 그에게 가까이 다가오지 말라고 하신다. 하나님은 모세에게 함부로 가까이 할 수 없는 하나님이심을 가르쳐 주고 있다.

모세에게 익숙한 신에 대한 개념은 이집트 신들에 대한 것이다. 이집트 신은 인간들이 제물 혹은 제사를 통하여 마음대로 조종 할 수 있는 신들이었다. 그 신들은 인간의 생사화복을 주장하기는 하지만 인간이 어떻게 하느냐에 따라서 신의 활동을 조절할 수 있었다.

이집트 사람들의 종교의 기능은 신의 마음을 움직이거나 혹은 신으로 하여금 인간이 하는 일에 관여하거나 혹은 방해하지 못하도록 하는 데에 있었다.

## 신을 조종하려는 의도

어쩌면 모세에게도 이러한 신관이 배여 있었을지도 모른다. 하나님은 모세를 향하여 자신은 이집트의 신 같은 존재가 아님을 분명히 한다. 하나님은 함부로 가까이 다가설 수 있는 여느 신과 같지 않다. 하나님은 함부로 할 수 있는 신이 아니다.

이제 모세는 배워야 한다. 하나님은 인간의 의지대로 움직여지는 분이 아니라 하나님 자신의 의지에 따라 행동하시는 분이라는 것을 인정해야만 하는 것이다. 그리고 하나님 앞에 서기 위해서는 신을 벗음으로써 인간의 의지를 완벽하게 하나님 앞에 맡기겠다는 결단을 해야 한다는 것을 배워야 한다.

## 경외의 대상이신 하나님

우리는 우리의 믿음으로 하나님을 조정할 수 있다고 믿는 것은 아닌가? 우리도 모세처럼 하나님을 대면하기 위해서 함부로 가까이 갈 수 있는 분이 아님을 인정해야 한다. 그것은 내 뜻과 정성으로 하나님을 바꿀 수 있을 것이라는 생각과 믿음을 그리고 그러한 시도를 일체 버려야 함을 의미한다.

내가 하나님을 바꾸는 것이 아니라 하나님이 나를 바꾸는 것이다. 우리 의지의 신발을 하나님 앞에서 벗어버리고 하나님 의지의 신발로 바꾸어 신어야 한다. 오늘 우리가 믿고 있는 하나님은 어떠한 하나님이신가를 진지하게 성찰해 보아야 할 것이다. 우리의 모든 종교 행위는 하나님을 바꾸기 위한 것이 아니라 우리 자신을 바꾸기 위한 것임을 명심해야 한다.

## 내려오시는 하나님

성서는 자신을 계시하시는 하나님의 말씀을 이렇게 기록하고 있다. "나는 이집트에 있는 나의 백성이 고통 받는 것을 보았고 또 억압 때문에 괴로워서 부르짖는 소리를 들었다. 나는 그들의 고난을 분명히 안다. 이제 내가 내려가서 이집트 사람의 손아귀에서 그들을 구하여 이 땅으로부터 저 아름답고 넓은 땅, 젖과 꿀이 흐르는 땅으로 데려가려고 한다."

하나님의 행위에 대하여 주위를 기울여보자. 하나님은 우리의 고통을 보았다. 우리의 외침의 소리를 들었다. 그리고 분명히 알고 계신다. 이제 하나님은 이 땅으로 내려오셔서 우리를 구하여 그의 나라로 데려가신다.

하나님은 인간의 삶에 무관심하거나 무표정한 분이 아니다. 하나님은 우리의 삶에 깊은 관심을 표현하시는 분이다. 그저 팔짱을 낀 채 아무런 감정도 없이 우리를 내려다보는 분이 아니다. 우리가 믿는 하나님은 우리의 삶에 깊이 개입하시는 분이다. 그리고 의를 위하여 우리를 구원해 주시는 분이다.

## 사명과 하나님에 대한 이해

이제 모세는 하나님이 어떤 분이신지를 분명히 알게 되었다. 그러자 하나님은 모세에게 사명을 주신다. 모세의 인도함에 따라 히브리 백성들이 이집트를 탈출해서 하나님이 그들에게 약속한 땅으로 들어가게 될 것이다.

400여 년 동안의 이집트의 노예 생활을 끝내고 마침내 하나님의 약속의 땅으로 들어가게 될 것이다. 그 땅은 젖과 꿀이 흐르는 땅이다. 이제 히브리 민족은 하나님의 약속을 의지하고 여행길에 들어서야 한다.

지금의 삶을 떠나 하나님 나라를 향한 여정을 시작해야만 한다. 그 길은 결코 쉬운 길이 아닐 것이다. 험난함이 도사리는 길일 것이다. 그러나 생명과 진리의 길이기에 어려움이 있더라도 포기해서는 안 될 길이다.

### oratio

주님, 주님의 존전 앞에서 늘 나의 신을 벗어 던지고 겸손하게 주님의 뜻만을 구하는 믿음을 허락하여 주소서.

### contemplatio

보았다, 안다 그리고 이끌어 내리라

### actio

나의 삶에서 하나님의 이끄심의 경험 중에 가장 기억나는 것을 서로 나누어보자.

그러니 가라!

**Lectio**

본 문: 출애굽기 4장 1절부터 31절까지
찬 송: 384장(나의 갈길 다 가도록)

**Meditatio**

모세의 변명

하나님을 만난 모세는 이스라엘 백성들을 이집트의 악정
으로부터 해방시킬 의무를 지게 된다. 그러나 그는 아직 준
비가 되어 있지 않은 것 같다. 계속해서 하나님에게 자신은
할 수 없다고 여러 가지 변명을 늘어놓는다. 그의 변명을 주
의 깊게 보면서 오늘 하나님과 우리의 관계는 어떠한지를
살펴보기로 하자.

모세의 변명 1: 백성들의 반응에 관심을 갖다

먼저 모세의 변명은 다음과 같다. "그들이 저를 믿지 않
고 저의 말을 듣지 않고 주님께서는 너에게 나타나지 않으
셨다 하면 어찌 합니까?" 모세는 하나님의 명령을 수행하는
데 있어서 하나님의 명령 자체에 의미를 두지 않고 백성들

이 자신을 받아들이지 않을 경우에 어찌 하나에 대하여 관심을 쏟고 있다.

하나님의 명령을 어떻게 충실하게 수행하느냐에 대한 고민이 아니다. 아직 일어나지도 않고 발생하지도 않은 일을 미리 고민하고 있다. 쓸데없는 걱정을 하고 있다.

무엇을 고민하고 있는가?

자신에게 맡겨진 사명에 대하여 어떻게 그것을 바르게 감당할 것인가를 고민하고 걱정하는 것은 건강한 걱정일 것이다. 그러나 사명의 수행이 아닌 부수적인 일부터 미리 고민하는 것은 건강한 걱정이 아니다.

우리도 하나님의 뜻을 실천하는 데 있어서 하나님의 뜻이 무엇이고 그것을 어떻게 아름답게 실천할 수 있는 가를 고민하기 전에 사람의 반응을 염려하기도 한다. 사람의 기호가 어떨 것인가를 고민한다. 진리 자체에 대한 고민보다는 청중의 반응에 대하여 걱정하는 설교자도 있다. 얼마나 어리석은 고민이고 걱정인가.

오늘 우리에게 필요한 것은 진리에 대한 걱정이다. 진리에 대한 추구이다. 방법과 효과에 대한 고민이 되어서는 안 된다. 그런 것은 다 부수적인 것이 아니겠는가. 오늘 우리에게 하나님이 주신 사명에 대한 진지한 고민과 걱정이 있는가?

### 뱀의 꼬리를 잡으라

모세의 걱정을 들은 하나님은 그에게 몇 가지 표적을 보여 주신다. 먼저 모세가 가지고 있는 지팡이를 던지게 만드신다. 그 지팡이는 뱀으로 변한다. 하나님은 모세에게 뱀의 꼬리를 잡으라고 말씀하신다.

뱀의 꼬리를 잡다니! 그것은 얼마나 위험한 일인가. 그러나 모세는 그것을 잡아야만 한다. 꼬리를 잡을 때 뱀이 그의 손목을 물게 될지 아니면 어떤 반응을 할지 모세는 알 수가 없다.

그러나 그는 하나님의 명령에 따라 뱀의 반응에 대하여 고민하지 않고 꼬리를 잡아야 한다. 꼬리를 잡자 그 뱀은 다시 지팡이로 변하고 말았다. 그렇다. 백성들이 그를 받아들일 것인가 혹은 그렇지 않을 것인가는 모세가 걱정할 일이 아니다.

뱀의 반응에 대하여 미리 걱정하지 않은 채 뱀의 꼬리를 잡듯이 우리는 하나님의 사명을 수행해야만 한다. 뱀의 꼬리를 잡는 심정으로 오직 하나님의 뜻이 이 땅 위에 이루어질 그 날을 기다리며 사명과 책임을 다해야 할 것이다.

### 모세의 변명 2: 누가 입을 만들었는가?

모세는 계속해서 말을 잘 하지 못하기 때문에 하나님이 주신 사명을 감당하지 못하겠다고 변명을 한다. 이에 대한 하나님의 답변을 들어보자. "누가 사람의 입을 지었느냐? 누가 말 못하는 이를 만들고 듣지 못하는 이를 만들며 누가 앞을 볼 수 있는 사람이 되게 하거나 앞 못 보는 사람이 되게 하느냐? 바로 나 주가 아니더냐? 그러니 가라."

모세의 변명은 하나님 앞에서 무색해진다. 어쩌면 모세는 하나님의 사명을 이행하는 데 있어서 자신의 역할을 과대평가했는지 모른다. 자신의 언변에 의해서 바로 왕이 설득을 당하고 백성들이 그를 따르게 될 줄로 생각하고 있었는지도 모른다. 그렇기에 자신이 언변이 없음을 생각하고 그 일을 사양하고 있는 것은 아닐까?

하나님의 일은 인간의 능력과 수단에 달려 있지 않다. 하나님의 일은 오직 하나님 자신이 이루신다. 인간의 능력에 의존하지 않는다. 하나님이 친히 감당하시고 우리는 하나님과 함께 그 일에 참여한다. 단순한 도구가 아닌 참여자로서 하나님과 함께 한다.

## 누구의 능력인가?

많은 사람이 하나님의 일을 수행하는 데 있어서 자신의 능력을 과신하는 경우가 많다. 특별히 사람들로부터 '큰 사람'이라는 평가를 받는 사람들 가운데서 이러한 경향이 두드러지기도 한다. 그러기에 일을 그만 두어야 할 때도 그만두지 못하고 있는 것은 아닌가?

자신이 그만두면 마치 하나님의 일이 망쳐지거나 진행 되지 못할 것처럼 생각하는 것은 아니겠는가? 이제 그런 고민은 내려놓아야 한다. 하나님의 일은 하나님이 하시는 것이다. 능력이 없다고 자신은 부족하다고 혹은 준비가 되어 있지 않다고 하면서 하나님이 맡기시는 사명을 거부해서는 안 된다. 하나님이 하시는 일에 우리는 참여하는 것뿐이다.

또한 나 아니면 안 된다는 생각 속에서 손을 놓지 않는 어리석은 일도 하지 말아야 한다. 누가 하는 일인가? 오직 하나님이 하시는 일임을 확신해야 한다. 변명하지 말아야 한다. 이제 하나님은 우리에게 말씀 하신다. "그러니 가라!"

### 길 떠나는 모세

하나님의 일이 어떻게 진행되어지는 가에 대한 확신을 얻은 모세는 장인의 집으로 갔다. 그리고 말한다. "저는 이제 떠나야겠습니다." 모세는 하나님의 사람이 되어서 바로 왕 앞으로 용감하게 나아간다.

하나님이 함께 하실 것이다. 아니 하나님이 앞서서 가셔서 그 일을 하실 것이다. 모세는 하나님이 이루시는 놀라운 역사를 경험하는 사람이 될 것이다. 험난한 길이지만 하나님이 하시는 일이니 넉넉히 이기는 사람으로서의 경험을 하게 될 것이다.

oratio

주님, '그러나 너희들은 가라' 하시는 주님의 음성을 듣고 용감하게 그리고 선뜻 '종이 여기 있나이다. 종이 가겠습니다'라고 응답하는 우리가 되게 하소서.

contemplatio

그러니 가라!

actio

오늘 나의 삶에서 '그러니 가라'고 하시는 하나님의 음성이 있는지 무엇인지 파악하고 '가겠습니다'라고 결단하자.

# 왜 저를 이곳에 보내셨습니까?

## Lectio

본 문: 출애굽기 5장 1절부터 23절까지
찬 송: 440장(어디든지 예수 나를 이끌면)

## Meditatio

### 하나님의 함께 하심과 당당함

망설이는 모세에게 확신을 주신 하나님은 그의 형 아론을 협력자로 보내어 사명을 감당하게 하신다. 확신을 얻은 모세는 그의 형 아론과 함께 이집트 왕 바로 앞에 서게 되었다. 모세 일행은 바로 왕에게 하나님의 명령을 전달하였다.

그들의 자신만만한 발언을 보자. "우리가 광야로 사흘 길을 가서 주 우리의 하나님께 제사를 드릴 수 있게 허락하여 주십시오. 그렇게 하지 않으면 주님께서 무서운 질병이나 칼로 우리를 치실 것입니다."

모세와 아론은 그들이 이집트를 떠나서 가나안 땅으로 가는 것은 인간의 계획이 아니라 하나님의 계획임을 확신하고 있었기에 거침이 없었다. 그들은 자신만만하였다. 하나님이

하시는 일이기에 바로 왕 앞에서도 전혀 기죽지 않고 당당
하게 자신들의 의견을 피력할 수 있었다.

믿는 이들이 자신만만하게 살아가는 것은 인간적인 능
력과 힘이 많기 때문이 아니다. 그것은 우리가 하나님 편에
서 일하고 있다는 확신에서 오는 것이다. 진리를 알고 진리
안에 거하면 그에게는 힘이 생긴다. 어떤 어려운 일이 있다
고 하더라도 소신껏 살아가고 일할 수 있는 힘을 갖게 된다.

## 두 가지 종류의 힘

미국의 신학자 폴 레만(Paul Lehmann)은 두 가지 종류의 힘
이 있다고 말한다. 첫째는 가진 것이 많음으로서 갖게 되는
힘이다. 권력과 재물의 힘으로부터 오는 힘이다. 둘째는 진
리 편에 서 있음으로 갖게 되는 힘이다.

진정한 힘이란 진리로부터 비롯되는 것이다. 우리는 강력
한 카리스마를 가진 사람을 선호한다. 강력한 지도력을 갖
춘 사람을 좋아한다. 그러나 강력한 지도력과 진정한 카리
스마는 다른 것이 아닌 진리로부터 비롯되는 것을 확신해
야 한다.

우리가 진정 하나님 편에 서 있느냐 그렇지 않느냐가 자
신만만한 삶을 살아가게 만들고 있음을 명심하자. 나는 새
도 떨어뜨릴 만큼 강력한 카리스마와 권력을 가지고 있을
뿐만 아니라 살아 있는 신으로 여겨지던 힘 있는 이집트 왕

바로 앞에서도 전혀 기죽지 않고 오히려 당당하고 카리스마 넘치는 모세와 아론의 모습은 우리에게 많은 것을 가르쳐 주고 있다.

## 저항하는 세력들

그러나 이스라엘 민족을 이집트로부터 해방시키는 일이 그렇게 간단한 것은 아니었다. 어찌 그런 일이 쉽게 이루어지리라고 생각할 수 있겠는가. 하나님의 나라는 저항하는 많은 세력들로 인하여 어려움을 겪는다.

이집트 왕 바로는 모세와 아론의 도전적인 모습 앞에서 전열을 가다듬고 이스라엘 백성들에게 더욱 가중한 노동을 시키도록 한다. 물러 설 수 없는 강력한 모습을 보이고 있는 이집트 왕 바로를 보라.

진리를 만나면 그것을 받아들이고 수긍하기 보다는 오히려 거부하고 진리를 묵살시키기 위해 노력 하는 어리석은 사람들의 전형적인 모습이다. 그러나 진리는 거부와 저항 그리고 박해 앞에서 물러서지 않는다. 우리는 출애굽기를 읽어가면서 진리를 거부하는 것의 결과가 얼마나 비참한 것이며 결국은 파멸을 가져 올 뿐이라는 것을 경험하게 될 것이다.

진리 앞에서 마음 문을 열고 자신의 삶을 회개하며 저항하지 않고 수긍하는 사람들은 얼마나 행복한가. 우리는 부

드러운 마음으로 진리를 받아들일 수 있어야 할 것이다.

## 기대하지 않았던 결과

이집트 왕 바로의 명령에 따라서 이스라엘 백성들은 해방되기는커녕 오히려 더 큰 노동에 시달리게 되었다. 작업 반장들은 이스라엘 백성들에게 더욱 압박을 가하기 시작했다. 결국 이스라엘 백성들 사이에서 불만이 싹트게 만들었다. 먼 장래의 일을 바라보지 못하고 눈앞에 보이는 당장의 이익과 편함에 눈이 먼 사람들은 모세와 아론을 향하여 불만을 터트리기 시작하였다.

이러한 모습은 믿음 없는 사람들의 전형적인 모습이다. 믿음이란 무엇인가? 믿음은 당장 눈앞에 보이는 편안함과 이익을 넘어 현실이라는 지평선을 넘어서 있는 찬란한 미래를 바라 볼 수 있는 눈을 갖는 것이다.

## 믿음 없음

믿음이라는 것은 우리로 하여금 현실의 벽을 넘어서서 펼쳐지는 하나님의 나라에 대하여 희망을 갖게 만들고 그로 말미암아 오늘의 아픔과 고난을 기꺼이 참고 견뎌내겠다는 확신과 결단을 주는 것이 아닐까. 그러나 이스라엘 백성들은 이집트에서 해방되기 전부터 믿음이 약한 사람의 모습을 보여주고 있었다.

그러기에 하나님은 이 백성을 40년 이상 광야에서 훈련시

키지 않으면 안 되었다. 새 땅과 새로운 시대를 열기 위해서
는 미래를 바라보지 못하는 사람들의 눈을 바꾸어 놓지 않
으면 안 되었다.

## 의기소침한 모세와 아론

한편 백성들의 빗발치는 원망을 들은 모세와 아론은 의기
소침해졌다. 모세는 주님께 나아가 이렇게 말한다. "정말 왜
저를 보내셨습니까? 주님께서는 주님의 백성을 구하실 생
각을 전혀 하지 않고 계십니다."

그렇다. 우리는 낙망하기 쉬운 존재이다. 우리는 종종 '내
가 소신껏 그리고 하나님의 뜻 가운데서 열심히 일하지 않는
가. 그러면 모든 사람이 나를 당연히 따라줘야 하는 것이 아
닌가?'하는 생각을 갖곤 한다. 그리고 사람들이 나를 따라와
주지 않으면 곧 실망하고 낙담하고 외로움을 느끼곤 한다.

이것이 일반적인 지도자들이 갖는 고독과 빠지기 쉬운 낙
망과 좌절의 웅덩이라고 볼 수 있다. 다윗도 그랬고 엘리야
도 그랬다. 그러나 우리는 출애굽기 읽기를 통하여 분명히
알게 될 것이다.

지도자는 사람들로부터 외면을 당하게 되고 '나 홀로 있
는 것은 아닌가?'하는 외로움을 갖게 된다는 것을 알게 될
것이다. 그리고 그것은 하나님의 나라를 향하는 여정에서
늘 있게 되는 것임을 알게 될 것이다.

그러나 또 다른 한편으로 그 길은 결코 외로운 길이 아니라 하나님이 함께하시는 길임도 알게 될 것이다.

### oratio

주님, 진리의 편에 서는 것이 고단하고 고달프더라도 하나님의 동행하심을 확신하고 그 길에서 벗어나지 않고 진리와 하나님의 나라를 향한 발걸음을 꾸준히 내 딛게 하소서. 주님이 함께 하심을 굳게 믿으면서.

### contemplatio

왜 저를 이곳에 보내셨습니까?

### actio

우리의 삶에서 "왜 나를 이곳에 보내셨습니까?"의 경험에 대하여 생각해 보자. 어떻게 그 위기를 극복하였는가를 생각하고 함께 나누어보자. 그 시기에 하나님의 동행하심을 경험하였는가?

너는 보게 될 것이다.

Lectio

본 문: 출애굽기 6장 1절부터 30절까지
찬 송: 543장(어려운 일 당할 때)

Meditatio

괴로워하는 모세

괴로워하는 모세를 보시고 하나님은 그에게 다시금 용기와 희망을 불러 넣어주신다. 한 민족을 인도하는 막중한 책임을 맡은 모세에게 가장 큰 위기는 지도자로서 희망을 상실하고 낙담하는 것이다. 많은 사람 앞에 서서 인도한다는 것은 결코 쉬운 일이 아니다. 그 일은 담대한 마음과 용기 그리고 끝없는 자신의 삶에 대한 성찰을 요구하는 좁은 길이다.

모세는 잠시 동안의 낙심을 이기고 하나님이 그에게 맡기신 사명을 감당해야 할 것이다. 앞으로 이집트탈출기 읽기를 통하여 모세가 어떻게 위대한 지도자로 변해가는지 보게 될 것이다.

### 모세와 이집트 탈출 사건

이집트 탈출 사건은 이스라엘 백성들의 탈출 이야기뿐만 아니라 모세라고 하는 한 지도자가 어떻게 위대한 신앙의 사람으로 남게 되었는지 가르쳐 주는 이야기이기도 하다.

믿는 이들의 삶도 마찬가지다. 우리는 하나님을 망각하고 살아가던 옛 삶에서 탈출해서 하나님이 지시하는 새로운 삶을 향하여 여행을 떠난 사람들이다. 우리는 삶의 여행을 통하여 점차 하나님의 사람으로 변모되어가는 과정을 겪게 될 것이다.

그리고 조금씩 하나님 나라의 가치가 무엇인가를 이해하게 될 것이고 그 가치관에 따라 조금씩 삶이 변화되어가는 것을 보게 될 것이다. 결국 믿음이라는 것은 이집트 탈출이 아니겠는가.

### 보게 될 것이다

하나님은 낙담한 모세에게 말씀 하신다. "이제 너는 내가 바로에게 하는 일을 보게 될 것이다. 틀림없이 그는 강한 손에 밀려서 그들을 내 보내게 될 것이다. 강한 손에 밀려서야 그들을 이 땅에서 내쫓다시피 할 것이다." 그렇다. 이제 모세는 보게 될 것이다.

이스라엘 백성을 이집트에서 해방시키는 일은 그가 하는 일이 아니라 하나님이 하시는 일임을 보게 될 것이다. 모세가 이제 할 일은 이제 하나님이 하시는 일은 가만히 지켜보는 것이다. 그리고 하나님이 하신 일을 통하여 하나님께 감사하고 영광을 돌리는 것뿐이다.

우리의 삶도 마찬가지이다. 우리가 모든 일을 다 한 것처럼 생각하기 쉽지만 그 배후에는 하나님의 숨결과 하나님의 도우심이 있었음을 기억해야 한다. 하나님은 언제나 우리 앞에 먼저 가셔서 그 일을 미리 하시는 분이시다.

오늘 우리가 어려움 가운데서도 꿋꿋이 하나님이 맡겨주신 사역을 묵묵히 담당하고 있는 것은 혼자 하는 일이 아니라 하나님이 먼저 하시는 일임을 확신할 수 있기 때문이다. 그러기에 어떤 어려움 앞에서도 외롭지 않을 수 있다.

예수님께서도 말씀하시지 않으셨던가. "보아라. 내가 세상 끝 날까지 항상 너희와 함께 있을 것이다"(마 28:20).

### 약속을 기억하시다

하나님은 모세에게 계속해서 말씀하신다. "이제 나는 이집트 사람이 종으로 부리는 이스라엘 자손의 신음 소리를 듣고 내가 세운 언약을 생각한다." 하나님은 아브라함과 이삭 그리고 야곱 같은 조상들에게 한 자신의 약속을 기억하신다. 하나님은 신실하신 분이다. 약속을 이행하시는 분이다.

그런데 여기서 우리가 관심 있게 보아야 할 부분이 있다.

하나님이 그의 약속을 생각하는 순간이다. 그 순간은 하나님이 이스라엘 자손의 신음 소리를 들은 순간이었다. 외침 소리와 신음 소리에 응답하시는 하나님, 백성의 신음 소리에 약속을 기억하고 계신다. 물론 하나님이 약속을 잊어버리신 것은 아니다.

그럼에도 불구하고 성경은 우리의 작은 신음 소리에 응답하심으로써 약속을 기억하시는 하나님에 대하여 강조하면서 우리의 구원이 그의 사랑에 의한 응답으로부터 오는 것임을 강조하고 있다. 그렇다. 하나님은 우리의 신음 소리를 듣고 응답하고 그의 약속을 이행하시는 분임을 기억하자.

그러므로 인간의 눈으로 보아서는 늦어지는 것 같기도 하지만 하나님의 약속은 반드시 이루어지는 약속이다. 그런 하나님의 약속이 있기에 비록 현재의 삶이 암울하고 힘들어 보여도 낙심하지 않는 것이다. 믿음은 하나님의 신실함을 믿는 것이다.

### 귀를 기울이지 않는 백성들

다시 용기를 얻은 모세는 이스라엘 백성에게 가서 하나님의 약속의 말씀을 전하였다. 그러나 이스라엘 백성은 모세의 말에 귀 기울이지 않았다. 왜 그런 것인가? 성서는 그 이유를 이렇게 말하고 있다.

"그들은 무거운 노동에 지치고 기가 죽어서 모세의 말을 들으려고 하지 않았다."

이스라엘 백성들이 모세를 통하여 들려지는 하나님의 말씀을 듣지 않는 이유를 두 가지 면에서 살펴 볼 수 있다.

삶의 무게

먼저는 그들의 삶의 무게가 하나님을 잊어버리게 만들고 있는 것이다. 삶의 고통의 무게가 그들을 지치게 만들고 있었다. 어려운 삶의 조건이 우리로 하여금 하나님을 원망하게 만들고 하나님을 멀리하게 만드는 것은 분명한 사실이다.

그러기에 잠언의 지혜를 기록한 사람은 너무 가난하게도 마시고 너무 부하게도 하지 말기를 하나님께 기도했던 게 아닌가. 너무 가난해서 하나님을 원망할까 두렵다고 말하고 있는 것이다.

그러나 믿음은 우리로 하여금 삶의 조건을 뛰어넘게 만드는 위대한 힘을 갖게 한다. 하나님의 약속의 신실함을 믿는다면 우리는 삶의 조건을 뛰어넘을 수 있는 힘을 가질 수 있다. 가난해도 품위를 잃지 않고 고통 속에서도 희망의 줄을 놓지 않는 성숙한 사람의 모습을 보일 수 있을 것이다.

인생의 고통의 무게 속에 함몰되어 갔던 이스라엘 백성들의 모습은 어떤 상황에서도 우리를 하나님의 나라로 인도해

주는 믿음이 얼마나 중요한 것인가를 깨닫게 해주고 있다.

## 협박에 굴복하다

그러나 또 다른 한편으로 이스라엘 백성들은 이집트 왕의 협박에 굴복하고 있는 모습을 보이고 있었다. 하나님을 섬기고자 사흘 길을 가겠다고 제안하는 이스라엘 백성을 향하여 바로 왕은 강압정책을 구사하였다.

결국 이스라엘 백성은 강압정책에 굴복하고 말았다. 연약한 우리의 모습이다. 시험 앞에서 맥없이 무너지고 마는 그들의 모습을 보면서 우리를 본다. 어려움 앞에서 쉽게 믿음을 포기하고 쉬운 길을 선택하는 우리의 모습을 본다.

주님은 말씀하셨다. 좁은 길로 들어가기를 힘쓰라고. 그렇다! 어려운 일이 있다 하더라도 하나님의 신실함을 믿으면서 믿음의 길을 꾸준히 걸어 나가야 할 것이다.

### oratio

주님, 우리를 도우셔서 우리로 하여금 우리에게 주어진 믿음의 길을 끝까지 걷게 하소서.

### contemplatio

너는 보게 될 것이다

**actio**

　1. 어려운 환경 속에서 나의 작은 신음소리에 응답하시면서 자신의 약속을 이루신 하나님과의 경험을 생각해 보고 이웃과 함께 나누어보자.

　2. 주위에서 나의 이웃이 내고 있는 작은 신음소리가 있는지 주의해서 살펴보고 들어보자.

제**2**부

## 이집트를 빠져나오던 밤

# 주님임을 알게 될 것이다

**Lectio**

본 문: 출애굽기 7장 1절부터 25절까지
찬 송: 288장(예수를 나의 구주 삼고)

**Meditatio**

### 모세의 계속되는 변명

또 다시 모세는 하나님에게 자신의 언변이 없음을 이유로 사명을 감당할 수 없음을 주장하고 있다. 계속되는 모세의 변명에도 불구하고 하나님은 그를 포기하지 않으신다. 하나님은 인간을 통하여 자신의 일을 하시는 분이다. 하나님은 인간의 연약함과 어리석음을 너무나도 잘 알고 계시기에 인간을 향하여 인내를 가지신다.

마침내 하나님은 모세에게 협력자를 주시기로 한다. 이 같은 인간을 향한 포기하지 않는 하나님의 인내와 참음이 있기에 오늘 우리는 하나님의 일을 계속할 수 있는 것이 아닐까?

## 모세와 아론

하나님은 모세에게 그의 형 아론을 대언자로 보내신다. 이제 아론은 하나님의 명령을 받아 모세의 입이 되어서 함께 하나님의 위대한 구원의 사역을 펼쳐나가게 될 것이다.

## 모세와 아론!

두 사람은 형제관계를 뛰어넘어서 하나님의 위대한 사역의 동반자, 협력자로 살아가게 될 것이다. 두 사람은 하나님의 명령을 받아서 이스라엘 백성들을 이집트에서 이끌어 내고 하나님이 약속하신 가나안 땅으로 인도해야 할 책임을 지게 되었다.

우리의 일생을 통하여 믿음의 동지들을 만난다는 건 가장 중요한 복일 것이다. 인생의 동반자, 신앙의 동지와의 만남은 우리로 하여금 하나님 나라를 향한 여정에서 힘을 더해주는 사건이다. 오늘 나에게 신앙의 동지가 있는가?

그러나 하나님 나라를 향한 여정, 그 일은 순탄하지만은 않을 것이다. 그 일을 수행하는 데 있어서 수많은 난관과 어려움이 도사리고 있을 것이다. 그러나 두려워해서는 안 된다. 왜냐하면 어려움과 난관조차도 하나님의 섭리 안에 있을 것이기 때문이다.

## 순탄하지 않은 길

하나님은 모세와 아론에게 이렇게 말씀하신다. "나는 바로가 고집을 부리게 하여 놓고서 이집트 땅에서 많은 표징과 이적을 많이 행하겠다." 그렇다. '바로가 고집을 부리게 되는 것도 하나님이 그렇게 하신 것이다'라는 성서의 생각은 모든 것이 하나님의 섭리 안에 있음을 고백하는 것이다.

인간의 삶에서 발생하는 모든 일, 그것이 우리가 보기에 악한 것이던 선한 것이던, 유익하게 보이던 것이든 무익하게 보이는 것이든, 그러한 모든 것이 하나님의 '역사하심' 안에서 이루어지게 되는 것임을 성서는 고백하고 있는 것이다.

그러나 이러한 고백은 하나님이 악한 일을 허락하고 또 죄악이 하나님으로부터 비롯되고 있다는 것을 의미하는 것은 아닐 것이다.

## 하나님의 간섭

성서가 고백하고자 하는 것은 악하고 선한 모든 일들이 결국에는 하나님이 개입하시고 간섭하셔서 자신의 나라에 알맞은 것으로 만들어 간다는 것을 의미하는 것이다. 그래서 사도 바울은 그러한 신앙을 "모든 일이 서로 협력해서 선을 이룬다는 것을 우리는 압니다"라고 표현했던 것이 아닐까?

바로는 계속해서 하나님을 부인하고 이스라엘 사람들을 놓아주지 않을 것이다. 그렇다면 바로 왕과 이집트 사람들은 언제쯤 하나님이 하나님이심을 알게 될 것인가? 오늘의 시대에서도 하나님을 인정하지 않고 거부하는 사람들은 언제쯤 하나님을 알게 될 것인가?

성서는 이렇게 말한다. "내가 손을 들어 이집트를 치고 이스라엘 자손을 이끌어 낼 때에 이집트 사람들은 내가 주님임을 알게 될 것이다." 온 세계가 하나님을 인정하는 그 날은 하나님이 그의 손을 들어 구원의 역사를 행하는 그 날일 것이다. 사람들은 하나님이 행하신 구원의 역사를 보면서 비로소 그들이 얼마나 어리석었던 가를 깨닫게 될 것이다.

## 행동하시는 하나님

하나님은 자신의 모습을 이론이나 말씀씨가 아닌 실제적인 행동과 사역으로 나타내신다. 믿는 사람들이 세상을 향하여 하나님을 확실하게 보여 줄 수 있는 방법은 말이 아니다.

행동이다. 하나님 구원의 역사의 행동을 스스로 보여 줌으로써 온 세상을 향하여 하나님을 보여 줄 수 있을 것이다. 행동하는 교회, 행동하는 믿는 이들이야 말로 하나님을 보여 줄 수 있는 사람들이다.

모세와 아론은 용기를 가지고 다시 바로 왕 앞으로 나아간다. 그리고 여러 가지 이적들을 행하게 된다. 먼저 모세와 아론은 지팡이로 뱀을 만드는 기적을 선보인다. 그러나 이 기적은 이집트의 마술사도 행할 수 있었다.

그럼에도 불구하고 아론의 지팡이가 이집트 마술사들의 지팡이를 삼켜 버리는 차이점을 보이고 있다. 우리에게 이적이란 무엇인가? 우리의 삶에서 보여지는 모든 이적이 하나님의 이적이라고 생각할 만한 근거가 있다고 생각하는가? 이적은 하나님의 사람들만이 일으키는 것일까?

### 이적과 따름

많은 사람은 이적의 나타남을 보고 따라간다. 이적은 사람들을 끌어당기는 힘이 있다. 그러기에 예수님에게도 사람들은 이적을 보여 달라고 끈질기게 요구하지 않았던가. 그러나 예수님에게 유일한 이적은 요나의 이적 외에는 없었다.

아론이 지팡이를 던져 그것이 뱀으로 변하는 이적을 선보이자 이집트의 마술사도 똑 같은 이적을 선보인다. 그러나 아론의 지팡이가 마술사의 지팡이를 삼키고 만다. 그렇다. 이적은 겉으로 들어나는 현상이 중요한 것이 아니다. 본질적인 내용이 중요한 것이다. 내용이 없는 이적은 결국 사라지게 될 것이다. 마술사의 지팡이가 삼킴을 당한 것처럼 그렇게 사라지게 될 것이다.

우리에게 필요한 것은 아론의 지팡이의 진정한 이적과 이집트 마술사의 지팡이의 거짓된 이적을 구별할 수 있는 분별력일 것이다. 그것은 꾸준한 하나님과의 교제로 인하여 우리 내부에 하나님이 형성케 해주는 영적인 힘이다.

## 진정한 관계

이적의 발생에 현혹되지 말고 늘 하나님과의 진정한 관계 형성과 교제를 통하여 우리의 삶을 하나님 나라의 가치관에 맞추며 살아가야 한다. 믿음의 훈련이란 겉으로 드러나는 현상을 넘어서서 하나님 나라의 본질을 찾아나가는 여행이다.

우리는 아론의 지팡이에 의해 삼킴을 당한 이집트 마술사의 지팡이에 현혹되고 있지는 않은지 믿음의 생활을 진지하게 돌아보아야 한다.

### oratio

주님, 올바르게 판단하고 행동하여 미혹의 영에 빠지지 않도록 해 주소서. 어디서나 주님을 바라보며 올바른 길로 행할 수 있도록 도와주소서.

### contemplatio

아론의 지팡이, 마술사의 지팡이

### actio

내가 신뢰하고 서로 격려하고 위로할 수 있는 신앙의 동지는 누구인가를 생각해 보자. 그리고 함께 만나 서로 격려하고 신앙의 동지가 됨을 확인할 수 있는 시간을 가져보자. 만일 없다면 내가 누구에게 동지가 될 수 있는 가를 생각해 보고 찾아가서 신앙의 동지로 살아가자고 제의해 보면 어떨까?

## 08

# 내가 구별할 것이다

**Lectio**

본 문: 출애굽기 8장 1절부터 32절까지
찬 송: 359장(천성을 향해 가는 성도들아)

**Meditatio**

### 강물이 피로

바로 왕 앞에 선 모세와 아론은 강물이 피로 변하게 되는 이적을 베풀었다. 강에 있는 물고기는 죽고 강물에서는 냄새가 나서 이집트 사람이 그 강물을 마시지 못하게 되었다. 그러나 이 이적 역시 이집트 마술사들도 할 수가 있었다.

바로 왕은 계속 고집을 피우면서 이스라엘 백성들을 놓아줄 생각을 하지 않았다. 이집트 왕 바로는 강물이 피가 되어서 백성들이 물을 마실 수가 없어서 고생을 하는데도 이 일에 아무 관심도 없다는 듯이 발길을 돌려서 궁궐로 들어간다.

### 개구리 소동

두 번째 재앙은 개구리 소동이라고 알려진다. 이집트의

마술사들도 이 이적을 똑같이 행할 수 있었다. 이집트 왕 바로는 자신의 신하들인 마술사들의 이적과 모세와 아론이 일으키는 이적이 같은 것임을 보면서 계속하여 고집을 피웠다. 개구리 소동은 바로 왕을 상당히 괴롭혔던 것으로 보인다.

그는 모세와 아론을 불러서 개구리를 물러가게 해 달라고 부탁을 한다. 그리고 이스라엘 백성들을 보내 주겠다는 약속을 하게 되었다. 그러나 약속은 금방 깨어지고 만다. 바로 왕은 개구리 소동을 통하여 하나님의 이적과 이집트 마술사들의 이적의 차이점을 발견하게 되었다. 개구리를 올라오게 할 수 있었던 이집트의 마술사들은 개구리들을 물러가게 할 수는 없었던 것이다.

### 바로와 하나님의 능력

그러기에 바로 왕은 어느 정도 하나님의 능력에 대하여 인정을 하게 되었다. 그럼에도 불구하고 개구리 재앙이 지나가자 곧 마음을 돌리고 고집을 피우게 된다. 이스라엘 백성을 놓아주지 않았다.

우리는 어떠한 사건을 통하여 하나님이 우리에게 주시는 생애의 교훈을 받곤 한다. 그러나 곧 바로 그 교훈을 잊어버리고 마치 아무런 일이 없었던 것처럼 살아간다. 바로 왕의 모습이 그에게만 보여지는 건 아닌 것이다.

이스라엘 백성들도 똑같은 모습으로 살아가게 될 것이다. 하나님에게 순종하는 모습을 보이다가 금방 하나님을 배반하고 살아가는 모습이 반복되어 나타날 것이다. 그러기에 우리는 우리의 연약함을 인정하고 하나님 앞에 날마다 삶을 성찰하고 하나님으로부터 오는 힘을 받아 살아가야 하는 것이다.

## 이 소동

세 번째 재앙은 이 소동이었다. 이 소동은 이집트 마술사들이 흉내 낼 수 없는 이적이었다. 이집트의 마술사들도 그것은 전능하신 하나님이 아니시면 어느 누구도 할 수 없는 이적임을 강조하였으나 바로 왕은 여전히 고집을 피우고 모세와 아론의 말을 듣지 않았다. 자신의 한계를 깨닫지 못하고 자기 자리를 유지하기 위하여 계속 고집만 피우는 지도자는 얼마나 백성들을 괴롭게 하는 지도자인가?

하나님의 이적 앞에서 회개하고 곧 하나님에게 순종할 수 있는 마음의 지도자를 갖는 것은 우리 모두의 행복일 것이다. 우리 모두 각자가 이러한 회개의 능력과 돌이킴의 지혜를 가진 사람으로 살아가야 할 것이다.

## 파리 소동

네 번째 재앙은 파리 소동이었다. 파리 소동은 두 가지 면에서 차이를 보이고 있다. 첫째는 이 소동과 마찬가지로 이집트의 마술사들이 흉내 낼 수 없는 독특한 이적이었다. 둘째는 이집트 백성과 이스라엘 백성을 구별하는 계기를 주었다.

하나님은 파리 재앙을 내리면서 이렇게 말씀하신다. "나의 백성이 사는 고센 땅에는 재앙을 보내지 않겠다. 그 곳에는 파리가 없게 하겠다. 내가 나의 백성과 너의 백성을 구별할 것이다."

하나님은 이집트 백성과 이스라엘 백성을 구별하기 시작한다. 이렇게 한 것은 이집트의 왕 바로에게 하나님이 자신의 백성을 얼마나 사랑하고 또 구체적으로 그 백성들의 운명과 역사를 인도하고 간섭한다는 것을 보여주는 중요한 일이었다.

이집트 왕 바로는 이스라엘 백성이 혼자 있는 게 아니라 만군의 여호와, 자연을 다스리고, 역사를 주관하는 여호와 하나님이 함께 하는 백성임을 보게 될 것이다.

하나님의 선택

하나님은 우리를 구별된 백성으로 선택하고 우리와 함께 하신다. 믿는 이들은 이스라엘 백성들이 하나님의 선택된 백성으로 살아갔듯이 하나님이 특별히 세상으로부터 구별한 사람들이다.

우리는 여느 사람들과 같은 삶을 살아서는 안 된다. 하나님의 백성으로서의 구별된 삶을 살아야만 한다. 파리 재앙이 모든 사람에게 영향을 끼친다고 하더라도 우리는 파리의 영향을 받고 살아서는 안 된다.

파리는 모든 사람에게 해를 끼친다. 파리 재앙에서 벗어날 수 있는 사람은 아무도 없다. 오직 하나님의 선택을 받은 사람만이 그 재앙으로부터 자유롭게 살아갈 수 있다. 오늘의 시대는 마치 파리 재앙으로 말미암아 모든 사람이 파리의 더러운 영향을 받고 살아가는 시대이다. 어느 누구도 그 영향으로부터 자유로운 사람이 없다.

### 파리 재앙과 오늘의 우리

오늘은 파리 재앙을 당하는 시대와 같다. 이 시대에서 우리는 하나님의 선택된 백성으로 파리 재앙으로부터 자유로운 사람의 삶을 보여 주어야 한다. 하나님은 우리를 구별하셨다.

과연 우리는 파리 재앙으로부터 자유로운 삶의 모습을 세상 사람에게 보여주고 있는가? 과연 하나님이 우리의 삶을 보면서 '내가 너를 구별하였다'라고 말씀하실까?

**oratio**

주님, 오늘 하루를 살아가면서 당면하는 결단의 순간에 진정 믿음의 사람으로서의 행동을 보이게 하소서.

**contemplatio**

구별된 삶

**actio**

오늘 나의 삶에서 믿는 사람으로서 다른 사람과 구별되는
행동 하나를 결정하고 그대로 행하여 보자.

## 09

# 마음에 두지 않았던 사람들

**Lectio**

본 문: 출애굽기 9장 1절부터 35절까지
찬 송: 255장(너희 죄 흉악하나)

**Meditatio**

많은 재앙에도 불구하고

하나님이 많은 재앙을 보내었지만 이집트 왕 바로는 계속하여 고집을 부렸다. 모세는 포기하지 않고 계속하여 바로 앞에 서서 하나님의 말씀을 선포하였다. 하나님 나라의 오심을 방해하는 세력들은 여러 가지 모양으로 하나님을 거부하게 될 것이며 계속해서 고집을 부리게 될 것이다.

그럼에도 불구하고 우리는 하나님 나라에 대한 확신 속에서 지치지 않는 힘을 가지고 하나님의 말씀을 계속하여 선포해야 한다. 하나님 나라의 확장은 간단하게 이루어지는 일이 아니다. 우리의 인내와 참음 그리고 굳건한 믿음을 요구한다.

모세는 여러 차례 바로 앞에 서면서 점차 이스라엘 백성들을 향한 하나님의 약속에 대하여 확신을 갖게 되었을 것이다. 그리고 그 확신은 그로 하여금 불굴의 의지를 갖게 만들 것이다. 하나님 나라에 대한 확신이 있는 사람에게는 절망이란 없다. 하나님의 약속은 인간이 정한 때와는 다르게 언젠가는 반드시 이루어질 것이기 때문이다.

## 집짐승의 죽음

하나님이 바로 왕으로 인하여 이집트에 내린 다섯 번째 재앙은 집짐승의 죽음이다. 이 재앙도 파리 재앙도 마찬가지로 이스라엘 사람들과 이집트 사람의 짐승이 구별되는 재앙이었다. 바로는 사람들을 보내어서 이스라엘 집짐승은 하나도 죽지 않고 이집트 집짐승들만 죽은 것을 확인하였다.

그는 분명히 그러한 사실을 알고도 눈 하나 깜빡하지 않았다. 그는 백성들이 고통에서 허덕이는 것에는 관심이 없었다. 오직 그에게 중요한 것은 자신의 자리를 지키는 것뿐이었다. 자신의 이익을 위해서라면 다른 사람의 고통에 대해서는 눈을 감아버리는 현대의 사람들을 대변하는 것이 이집트 왕 바로가 아닐까?

## 나만 괜찮다면

자신의 삶이 침해 받지 않는다면 이웃이 죽어가도 아무런 상관이 없다고 하는 무관심의 세상은 바로 왕이 다스리는 세상이다. 다섯 번째 재앙을 통해서도 바로는 아무런 움직임을 보이지 않고 있다. 하나님이 그렇게 많은 징조를 보이는데도 그는 꿈쩍하지 않는다. 도대체 언제까지 고집을 부리게 될 것인가?

오늘의 사회도 마찬가지이다. 서로를 몰라라하고 자신의 삶에만 몰두되어 있는 오늘의 사람들에게 하나님은 여러 모양으로 메시지를 전달하고 있는데 깨닫지 못하고 있다. 과연 언제까지 지탱할 수 있을까?

도대체 우리는 언제 하나님이 우리에게 주시는 음성에 귀를 기울이고 우리의 완고한 마음을 열고 하나님에게 순종하게 될 것인가? 주님은 말씀하셨다. "들을 귀가 있는 사람은 들어라."

그렇다. 오늘 하나님이 주시는 메시지를 들을 수 있는 귀를 가진 사람은 행복한 사람이다. 들어도 들리지 않는 귀를 가진 우리가 되어서는 안 될 것이다. 하나님은 여러 가지 모양으로 자신의 소리를 들려주신다.

하나님의 음성이 존재하지 않는 것이 아니라 우리가 들을 귀가 없거나 애써 들으려 하지 않는 것이 문제가 아니겠는가? 하나님의 메시지에 민감하게 반응하고 그 소리에 귀를 기울이는 사람들은 진정 깨어 있는 사람이다. 우리는 주님의 말씀대로 깨어 기도하는 사람이 되어야 하지 않겠는가.

## 피부병 재앙

여섯 번째 재앙은 피부병 재앙이다. 이 재앙은 이집트의 마술사들에게도 영향을 미쳤다. 그들도 피부병에 걸려서 고생을 하게 된 것이다. 바알 신을 섬기고 바알의 능력을 받았다고 믿어지는 마술사들도 하나님의 재앙 앞에서 속수무책한 모습을 보이고 있다.

드디어 하나님의 능력은 당시 이집트 사람들이 믿고 있었던 바알의 아들들에게까지 미치게 된다. 바알도 하나님 앞에서는 아무것도 아님이 드러났다. 하나님의 메시지는 점점 더 강도를 더해가고 있었다.

그런데도 바로 왕은 여전히 고집을 부리고 있다. 마음이 닫힌 사람, 마음을 전혀 열려고 하지 않는 사람은 하나님의 분명히 드러나는 말씀 앞에서도 하나님을 따르지 않는다. 마음이 부드럽다는 것은 얼마나 중요한 일인가?

## 말씀하시는 하나님

하나님은 우리에게 여러 모양으로 메시지를 보내고 계신다. 마음의 섬세함, 민첩함이 있는 사람은 민감하게 하나님의 말씀에 반응할 수 있게 된다. 바로와 같은 고집스러운 마음이 없기를 기도하자. 하나님의 말씀에 민감한 믿음과 통찰력을 위하여 기도하자.

## 우박 재앙

일곱 번째는 우박 재앙이다. 이 재앙의 특징은 경고에 반응하여 피하는 사람은 누구든지 화를 면하게 된다는 것이다. 즉 이집트인이든 이스라엘인이든, 민족과 상관없이 하나님 말씀에 반응하기만 하면 재앙을 피할 수 있었다.

이 재앙을 통하여 하나님은 이스라엘 사람만의 하나님이 아니라 이집트 사람들의 하나님이 되기도 함을 보여주고 있다. 그렇다. 하나님의 사랑은 어느 누구에게나 미치는 넓은 사랑이다. 하나님의 사랑에 응답하고 하나님 나라에 들어가기를 원하는 모든 사람에게 열려있다.

그러나 이스라엘 사람이라고 할지라도 하나님의 경고에 귀를 기울이지 않는 사람은 재앙을 당할 수밖에 없다. 이스라엘 사람이라고 하는 단 한 가지 사실로 인하여 하나님의 축복이 당연하게 임하는 것은 아니다. 하나님의 사랑에 응답하고 반응해야 한다.

## 교회 안과 구원?

오늘 우리가 기독교 교회 안에 있다고 해서 우리 모두에게 당연하고 자동적으로 구원이 주어진다고 믿어서는 곤란하다.

하나님 나라는 하나님의 말씀에 민감하게 반응하고 순종하며 예수님의 제자로 살아가는 사람들에게 주어지는 것이

다. 그러기에 구원은 한 번에 이루어지기도 하지만 계속적
으로 이루어지는 과정이기도 하다. 그러므로 우리는 늘 하
나님 나라를 끊임없이 추구하고 찾아나서야 한다. 구하는
자에게 찾아지고 두드리는 자에게 문이 열릴 것이다.

오늘의 말씀은 이렇게 기록하고 있다. "바로의 신하들 가
운데서 주님의 말씀을 두려워 한 사람들은 자기의 종들과
집짐승들을 집 안으로 피하게 하였다. 그러나 주님의 말씀
을 마음에 두지 않는 사람은 자기의 종과 집짐승들을 들에
그대로 내버려 두었다"(20~21절). 주님의 말씀을 마음에 두
는 사람은 진정 행복한 사람이다.

### oratio

주님, 말씀을 마음에 두는 것! 그것이 얼마나 중요한 가를
깨닫게 하셔서 매일의 삶 속에서 주의 말씀을 가슴에 담고
살아가도록 도와주소서.

### contemplatio

마음에 두지 않는 사람들

### actio

오늘 나의 삶에서 만나는 작은 사건을 그냥 스쳐 지나지
말고 그 속에서 들려오는 하나님의 음성을 발견하고 마음에
두어보자. 그리고 기록해 보자.

# 10

# 나도 다시는 나타나지 않겠습니다

**Lectio**

본 문: 출애굽기 10장 1절부터 29절까지
찬 송: 521장(구원으로 인도하는)

**Meditatio**

왜 무모한 일을 계속하는가?

바로는 우박 재앙에도 불구하고 고집을 꺾지 않았다. 바로는 왜 이런 무모한 일을 계속하고 있는 것일까? 우리는 성서의 짧은 기록을 통하여 바로의 고집의 이유를 짐작해 볼 수 있을 것이다. "그러나 밀과 쌀보리는 이삭이 팰 때가 아니었으므로 피해를 입지 않았다"(9장 32절).

그렇다. 바로는 자신에게 버틸 수 있는 힘이 있다고 생각하고 있는 지도 모른다. 그는 아직도 자기가 무엇인가를 할 수 있고 하나님을 대적할 수 있다고 자신의 능력을 믿고 있는 지도 모른다. 아직 그에게는 밀과 쌀보리가 남아 있었기 때문일 것이다. 우리에게도 밀과 쌀보리가 남아 있는 것은 아닌가? 아직 우리에게 남아있는, 그래서 우리를 안심하게 만드는 '남아있는 밀과 쌀보리', 그것은 무엇일까?

## 실존의 모습을 발견

많은 사람은 하나님에 대하여 반응하지 않는다. 자신에게 능력이 있다고 믿기 때문이다. 자신의 삶에 대한 확신이 너무 강하기에 쉽게 하나님의 능력을 인정하거나 받아들일 수 없는 것이다. 인간은 얼마나 어리석은 존재인가. 자신의 진정한 모습을 보지 못한 채 혹은 자신을 과신한 채 생명의 길을 거부하고 있지 않은가!

우리에게 중요한 것은 자신의 실체적인 모습을 보는 것이리라. 하나님 앞에 서 있는 나의 실존적인 모습을 발견하고 하나님에게 돌아와서 그 분의 자비를 바랄 수 있는 진솔한 삶의 태도가 필요하지 않을까.

Coram Deo, '하나님 앞'에 서 있는 자신의 모습을 솔직하게 볼 수 있는 사람은 행복한 사람일 것이다. 하나님 앞에 서 있는 존재로서 나를 볼 수 있는 믿음을 위하여 기도하자.

## 메뚜기 재앙

여덟 번째 재앙은 메뚜기 소동이었다. 메뚜기 재앙은 바로에게 남아 있는 모든 것을 쓸어갈 수 있는 너무나도 무서운 재앙이었다. 그에게 남아 있는, 그래서 자신이 아직도 무엇을 할 수 있다고 믿게 만들었던 밀과 쌀보리를 비롯한 모든 것을 쓸어가 버렸다.

메뚜기 재앙은 우리가 우리를 살려 줄 수 있다고 믿는 것들과 우리의 인생에서 이것만 가지고 있으면 두려울 게 없다고 생각하여 하나님으로부터 우리를 멀리하게 만드는 모든 인간적인 능력들이 하나님 앞에서 얼마나 하찮은 것이며 허무한 것임을 보여주는 재앙이다. 그 재앙은 "우박의 피해를 입지 않고 남아 있는 것들을 먹어 치우되 들에서 자라는 나무들까지 모두 먹어 치울"만큼 무서웠다.

### 갖고 있는 것이 무엇인가?

오늘 우리가 하나님 앞에서 내 능력이라고 내세울 수 있는 것이 무엇일까? 주신 분도 하나님이시고 거두어 가시는 분도 하나님이실진대 과연 내가 내 것이라고 주장할 수 있는 것이 얼마나 있을까?

그러므로 내가 가진 것을 믿고 그것만을 의지하며 하나님을 멀리하거나 하나님이 필요 없다고 하는 주장들이 메뚜기 재앙 앞에서 설득력을 상실하게 되는 것이다. 모세의 경고를 들은 바로의 신하들은 겁에 질렸다.

신하들은 왕에게 간언한다. "이 사람들을 내 보내서 그들의 주 하나님을 예배하게 하심이 좋을 듯합니다. 임금님께서 아직도 이집트가 망한 것을 모르고 계십니까?"

바로의 신하들도 하나님의 무서움을 보고 있는 것이다. 바로는 마침내 타협안을 내놓게 된다. 히브리 민족의 남자들만 예배를 드리는 것이다.

## 모세의 거절

그러나 모세는 타협안을 한 마디로 거절한다. 하나님을 섬기는 데 있어서 타협이란 있을 수가 없는 것이다. 세상은 믿는 이들에게 '좋은 것이 좋은 것 아닌가?'라고 하면서 늘 타협을 요구한다. 그러나 하나님 나라는 타협이 아니라 올바른 길을 감으로 이루어지는 것이다.

진리의 좁은 길을 통하여 이루어지는 것이다. 그것은 진리의 변질이 아니라 진리를 지켜나갈 때 이루어진다. 이렇게 해서 대화는 깨지고 모세는 궁전에서 나왔다.

이제 메뚜기 재앙은 어느 누구도 막을 수 없게 되고 말았다. 메뚜기 재앙은 이집트 온 땅에 있는 들의 나무와 푸른 푸성귀가 하나도 남지 않도록 만들었다. 그러나 바로는 고집을 꺾지 않았다. 아, 인간의 사악함은 언제까지 계속될 것인가? 인간의 무지는 어디까지 이어질 것인가.

## 어두움의 재앙

아홉 번째 재앙은 어두움이 온 땅을 덮는 것이었다. 이집트 사람들과 이스라엘 사람들의 사는 곳을 구별하는 재앙이었다. 온 세상이 캄캄함으로 뒤덮여 있을 때 이스라엘 사람들이 살고 있는 고센 땅만은 밝음을 드러내고 있었다.

어둠 한 가운데서 빛을 발하고 있는 고센 땅의 모습을 상상해 보라. 얼마나 놀랍고 신비로우며 황홀한 느낌을 줄까.

아무런 희망도 발견할 수 없고 온 세상이 파멸되어 질 것 같은 처절함의 한 가운데서 밝음을 던져 줄 수 있는 고센 땅! 그것은 믿는 사람들이다.

### 오늘의 고센 땅

오늘의 고센 땅은 어디에 있을까? 우리는 어두움의 한 가운데서 밝은 빛을 던져주고 있는 것일까? 절망 가운데서 사람들은 우리를 보며 희망을 발견할 수 있을까? 오늘 믿는 사람들과 교회는 어두움으로 온통 뒤덮혀 있는 세상에서 한 줄기 밝음을 던져주고 있는 고센 땅과 같은 존재인가?

우리는 오늘의 고센 땅으로 살아가고 있는가? 온 세상이 캄캄하여서 참 빛을 볼 수 없다고 하더라도 그 참 빛 예수의 생명의 빛을 밝힐 수 있는 교회가 되어야 할 것이다.

어두움의 재앙은 이렇게 살아서는 안 된다는 것을 보여주는 하나님의 명백한 메시지였다. 그럼에도 불구하고 바로는 고집을 꺾지 않고 있다. 명백한 하나님의 메시지에도 마음을 바꾸지 않는 바로에게 남은 것은 철저한 멸망뿐이 아니겠는가.

어두움! 그 어두움이 엄습해 오기 전에 하나님께로 돌아가야 한다. 하나님 앞에 엎드려서 우리의 삶을 그에게 드려야 한다. 어두움이 온 세상을 덮기 전에. 완고한 바로는 모세에게 호통을 친다. "다시는 내 앞에 얼씬도 하지 말아라."

## 최후의 날이 오고 말 것이다

모세가 응답한다. "말씀 잘 하셨습니다. 나도 다시는 임금님 앞에 나타나지 않겠습니다." 이제 최후의 날이 오고 말 것이다. 하나님의 사람의 음성이 사라지는 그 날, 하나님의 예언자들이 소리를 그치고 다시는 나타나지 않는 날을 조심하라. 그날은 최후의 날이 될 것이기 때문이다.

예언자들의 소리에 귀 기울이지 않고 하나님을 거부하는 것이 계속되면 언젠가는 하나님도 우리 앞에 다시는 나타나지 않는 날이 오고 말 것이다. 하나님의 임재와 그 분의 나타남이 그친다면 우리의 삶은 어떻게 될 것인가?

하나님이 숨결을 거두신다면 우리의 세계는 허무로 돌아가고 말 것이다. 하나님의 나타나심과 그 분의 음성이 들려올 때를 소중하게 여기는 우리가 되어야 할 것이다. "다시는 나타나지 않을 것이다"라는 음성이 들리기 전에!

### oratio

주님, '나도 다시는 나타나지 않을 것이다'라고 바로에게 들려진 말씀이 나에게 이르기 전에 회개하고 하나님을 따르게 하소서.

### contemplatio

다시는 나타나지 않으리라

**actio**

내가 의지하고 있는 그것이 얼마나 허약하고 허무한 것인
가를 생각해 보고 나누어보자.

# 유월절을 지켜라

**Lectio**

본 문: 출애굽기 11장 1절부터 12장 14절까지
찬 송: 90장(주 예수 내가 알기 전)

**Meditatio**

바로의 고집

바로는 계속해서 고집을 부렸다. 그의 마음은 워낙 완고해서 하나님이 주시는 여러 가지 모양의 메시지를 받아들일 수 없었다. 그가 불행했던 건 하나님의 음성을 들을 기회가 있었음에도 불구하고 기회를 놓쳤다는 것이다.

오늘 우리에게도 하나님은 여러 가지 방법으로 자신의 음성을 들려주신다. 매일 하나님이 주시는 메시지를 전달 받을 수 있는 믿음의 능력을 가지고 있다는 것은 얼마나 큰 행복일까. 우리 모두 행복한 사람으로 살아갈 수 있기를 기도하자.

마침내 하나님은 모세를 통하여 바로에게 마지막 통첩을 보내신다. 하나님의 참음에도 한계가 있는 것일까? 하나님

은 모세에게 이렇게 말씀하신다. "내가 이제 바로에게와 이
집트 땅 위에 한 가지 재앙을 더 내리겠다. 그렇게 한 다음에
야 그가 너희를 여기에서 내 보낼 것이다."

## 누가 막을 수 있는가?

바로는 얼마나 어리석은 인간인가. 하나님은 바로의 고집
에도 불구하고 자신이 하고자 하는 일을 이행하실 것이다.
하나님의 방법대로 하나님의 때에 하나님의 일은 이루어지
게 될 것이다. 세상의 그 어떤 누구나 무엇이 하나님의 일의
진행을 방해하거나 막을 수 있을까? 어느 것도 하나님의 일
을 그만두게 하지는 못한다.

그런데도 바로는 깨닫지 못하고 끝까지 하나님의 일을 거
부함으로서 자신의 파멸을 재촉하고 있다. 바로는 어리석
은 우리의 모습을 대변하고 있는 것이 아닐까. 하나님 나라
는 어떤 방해에도 불구하고 하나님의 능력으로 이루어진다.

문제는 그것을 받아들이지 못하고 끝까지 방해하는 사람
들에게 있다. 그들은 밖으로 쫓겨나서 이를 갈며 슬프게 울
게 될 것이다. 혹시 내가 그 자리에 서지 않도록 조심하자.
깨어 기도함으로 내가 그 자리에 서지 않아야 한다. 천국 문
앞에서 주님으로부터 '나는 너를 도무지 알지 못한다'라는
말을 듣지 않도록 우리를 돌아보면서 살아가자.

## 하나님의 복

하나님은 마지막 재앙을 내리기 전에 이스라엘 사람들에게 복을 내리신다. 이스라엘 사람들은 이집트 사람들로부터 호감을 사게 되고 모세는 존경을 받게 하신다.

하나님이 사랑하시는 사람들에게 주시는 복은 이러하다. 모든 사람들에게 호감과 존경을 받게 하신다. 하나님을 믿는 사람들이 누리는 아름다운 삶의 복이다. 주위의 사람들에게 존경을 받는 삶이야말로 믿는 이들이 이루어야 하는 삶의 모습이다.

주위 사람들에게 지탄의 대상이 아니라 존경의·대상으로 살아가는 것은 하나님이 믿는 이들에게 주신 복이면서 믿는 이들의 삶의 의무이기도 하다. 오늘 우리는 주위 사람들로부터 호감과 존경을 받으며 살아가고 있는가? 우리 교회는 그러한가?

## 마지막 재앙

하나님이 모세를 통하여 내리는 마지막 재앙은 '이집트 땅에 있는 처음 난 것들의 죽음'이다. 이집트 사람들은 바로의 고집 때문에 처음 난 것들의 죽음이라는 재앙을 받게 되었다.

얼마나 슬픈 일인가. 하나님의 존재 앞에서 올바른 시기에 회개하고 그에게로 돌아오는 건 얼마나 중요한 일인가.

이 재앙은 이스라엘 사람과 이집트 사람을 구별하는 재앙이기도 하였다.

그럼에도 불구하고 하나님은 이스라엘 사람에게도 이 재앙을 비켜 나가기 위해서 해야 할 일을 주셨다. 구원은 하나님의 명령을 지키면서 그 분 안에서 자신의 삶을 살아갈 때 주어지는 것이다.

### 구원은 어디서?

구원은 저절로 우리에게 오는 것이 아니다. 하나님이 마련하고 하나님이 주시는 것이기는 하지만 우리의 응답이 필요하다. 하나님의 음성을 듣고 거기에 응답함이 필요하다. 이스라엘 백성들은 처음 난 것들의 죽음의 재앙을 면하기 위해서 유월절을 지켜야 했다. 몇 가지 하나님이 지시하는 사항들을 철저히 지켜야만 했다.

### 삶의 시작과 구원

하나님은 모세에게 몇 가지 할 일을 지시하셨다.

### 삶의 시작으로서의 구원

이 재앙의 달을 한 해의 첫 번째 달로 지켜야 한다. 이스라엘 백성들에게 한 해는 일월에 시작되는 것이 아니다. 하나님이 이스라엘 민족을 재앙에서 구원한 그 달이 한 해가 시작되는 달이 되는 것이다.

하나님의 구원의 역사를 체험하는 것이 삶의 시작이 아니겠는가. 우리의 진정한 생명은 하나님이 우리를 구원하심으로부터 시작된다. 우리의 거듭 난 삶의 시작이 진정한 생명의 시작임을 생각하자. 하나님 안에서 우리의 삶이 시작되는 것을 확신하자.

## 함께 받는 구원

양 고기를 마련하고 식사를 하되 식구 수가 적어서 양 한 마리를 다 먹을 수 없으면 가까운 이웃에서 그 만큼 사람을 더 불러다가 함께 먹어야 한다. 그들은 하나님의 구원의 역사에서 서로가 서로에게 한 형제 됨을 깨달아야 한다.

그들은 '함께 음식을 나누는' 공동체로서 하나님의 부르심을 받고 있음을 인식해야 하는 것이다. 함께 가는 하나님의 나라, 함께 이루는 하나님의 구원의 역사임을 확신해야 하는 것이다.

## 떠나게 만드는 구원

허리에 띠를 띠고 발에 신을 신고 손에 지팡이를 들고 서둘러서 먹어야 한다. 하나님의 구원의 역사에 참여하기 위해서 우리에게 필요한 것은 나그네 의식이다. 붙박이 의식은 우리로 하여금 안정을 취하게 하고 변화를 멀리하게 만든다.

우리는 하나님의 나라를 향하여 여행을 떠나는 나그네들

임을 깨달아야 한다. 이 세상에서 영원히 살 것인 양 하나님의 나라를 멀리한 채 살아가서는 안 된다. 하나님 나라를 향한 여행길에 나선 사람들 하나님 구원의 역사에 참여하고자 하는 사람들에게 필요한 것은 나그네 의식이다.

언제든지 떠날 준비가 없으면 하나님 나라를 향한 여행에 참여할 수가 없다. 유월절을 지키기 위해서는 서둘러 먹어야 하는 것이다.

이렇게 이집트 탈출 사건은 히브리 민족으로 하여금 신앙체험의 공동체, 삶을 함께 나누는 공동체 그리고 나그네 의식의 공동체를 형성하도록 만들고 있다.

오늘 믿음의 한 식구로 모이고 있는 우리 교회공동체 내에서 이러한 신앙 체험, 삶의 나눔 체험 그리고 나그네 의식 체험이 발생하여야 한다. 그것이 구원받은 공동체의 특징이다. 오늘 우리에게 이러한 의식이 있는가?

삶의 시작으로서의 구원-함께 받는 구원-떠나게 만드는 구원이다.

### oratio

주님, 삶의 시작으로서의 구원-함께 받는 구원-떠나게 만드는 나그네 의식을 갖고 살겠습니다. 그래서 진정한 믿는 이, 구원받은 백성의 삶을 살려고 노력하겠습니다. 주님, 우리와 함께 하소서.

**contemplatio**

하나님 구원의 역사

**actio**

구원받은 사람으로서 오늘 내가 해야 할 일이 무엇인가를 찾아보자. 하나님 구원의 역사에 참여하여 구원을 이루기 위하여 내가 할 일은 무엇일까?

## 12

밤을 새우면서 지켜 주셨다

### Lectio
본 문: 출애굽기 12장 15절부터 51절까지
찬 송: 196장(성령의 은사를)

### Meditatio

마지막 재앙이 시작되고 있다. 이 재앙은 인간의 힘으로 어찌 할 수 없는, 하나님 앞에 누구라도 굴복하지 않을 수 없는 큰 재앙이다. 하나님은 이 재앙으로부터 이스라엘 사람들을 구별하여 구원하기로 하셨다.

그리고 이 일을 통해 온 세상을 향하여 하나님이 세상의 주인임을 선포하고 자신의 백성을 돌보시는 하나님이신 것을 명백히 밝히시기로 하셨다. 처음 난 것들을 죽게 하시는 하나님을 보면서 모든 이집트 사람들은 하나님의 위대함과 주인되심을 보게 될 것이다. 주시는 것도 하나님이시고 거두어 가시는 것도 하나님임을 알게 될 것이다.

### 명령을 지키다

이스라엘 사람들은 재앙을 피하기 위해서 몇 가지 할 일이 있었다. 먼저 그들은 일주일 전부터 무교절이라는 절기를 지켜야만 했다. 7일 동안 누룩이 들어있지 않은 빵을 먹어야 했다. 그리고 무교절을 시작하는 첫 날과 마지막 날에는 먹을 것을 장만하는 일 외에는 일체 다른 일을 해서는 안 되었다.

누룩이 들어 있지 않은 빵을 먹어야 하는 것은 무엇보다도 누룩이 의미하는 죄를 멀리하라는 의미로 받아들일 수 있다. 하나님의 임재와 역사를 기다리는 사람들은 무엇보다도 자신의 삶을 깨끗하게 만들어야 한다. 이스라엘 백성들은 누룩 없는 빵을 먹으면서 그들의 삶에 일체 다른 것이 개입되지 않도록 만들어야 했다.

## 하나님의 역사하심과 운명

이제 그들의 운명은 오직 하나님의 역사하심에 달려 있다. 그러므로 그들은 누룩 없는 빵을 먹으면서 그동안 이집트에 살면서 스스로 의식했든 못 했든, 자기들 삶에 스며들어 있는 이집트의 가치관과 종교를 덜어내야만 했다.

이스라엘 사람들은 누룩 없는 빵을 먹으면서 하나님 외에 의지해 왔던 모든 것을 삶에서 몰아내야만 했다. 그렇다. 하나님의 역사와 구원을 기다리는 사람은 모든 누룩을 제거하고 오직 하나님만을 바라보아야 한다. 하나님의 능력만을 의지해야 한다. 누룩을 제거하는 것 없이 하나님의 역사를 기대할 수는 없지 않은가.

### 삶의 누룩

오늘 우리의 삶에서 누룩은 무엇인가? 그것은 순수하지 못했던 우리의 신앙이다. 하나님에게 투자 하듯이 가졌던 기복신앙이다. 투자한 만큼 하나님께서 보상해 줄 것이라면서 믿음을 투자로 생각했던 기복적이고 순수하지 못했던 우리의 모습이다.

하나님을 믿는다고 하면서 아직도 나 자신의 힘을 의지했던 모습들이다. 하나님의 자녀라고 하면서 아직도 세상의 가치관을 그대로 따르는 우리의 모습들이다. 이러한 삶의 누룩들을 제거할 때 우리는 우리의 삶에서 역사하시는 하나님의 놀라운 능력을 체험하게 될 것이다. 마지막 재앙은 누룩 없는 빵을 먹으면서 하나님의 구원의 역사를 기다리는 것이다.

### 유월절 예식

유월절 예식은 자손대대로 지켜나가야 할 의식이 되어야 한다. 먼 후일 하나님의 구원의 역사를 직접 체험하지 못한 후손들이 이 예식이 무엇이냐고 물을 때 하나님께서 자신의 백성들을 구원하시기 위해 하신 역사를 기념하고 하나님 중심으로 살아감을 다짐하는 것임을 말해 주어야만 한다.

신앙이란 한 시대에서 끝나는 것이 아니라 자손대대로 이어져 나가야 한다. 신앙을 유산으로 후손들에게 물려주어서 영원히 하나님의 구원의 역사를 기억하고 하나님을 섬기도록 만드는 것은 자손들을 향한 부모들의 가장 중요한 의무이다.

드디어 마지막 재앙이 이루어졌다. 이집트의 처음 난 모든 것들은 죽음을 맞이하였다. 마지막 재앙을 당하고서야 바로는 더 이상 버틸 수 없음을 깨달았다. 그리고 이스라엘 백성들을 놓아주기로 한다.

## 어리석은 인간

아, 사람은 언제까지 어리석을 수 있는 것일까? 왜 우리는 미리 하나님의 마음과 역사하심의 방향을 알지 못하는 것일까? 하나님의 마음을 알아 그 뜻대로 살아가는 사람은 얼마나 아름다운 삶을 살아갈 수 있을까? 하나님의 역사하심에 자신의 삶을 맡겨서 물 흐르듯이 살아갈 수 있다면 얼마나 좋을까.

마침내 이스라엘 백성은 이집트를 빠져 나올 수 있게 되었다. 하나님이 그들에게 복을 내리셔서 이집트 사람들로부터 호감을 사게 하였다. 이집트 사람들은 떠나는 이스라엘 사람들이 요구하는 대로 모든 것을 내주었다. 이스라엘 사람들은 풍족한 모습으로 이집트를 빠져나갔다.

## 풍요로운 삶에 대한 약속

하나님의 구원의 역사는 풍요로운 삶에 대한 약속이다. 하나님은 그의 백성들에게 풍요롭고 여유가 있는 삶을 허락해 주시는 분이다. 마침내 이스라엘 백성은 430년 만에 큰 무리를 지어 이집트를 탈출해서 자유민들이 되었다.

430년 전 70여명의 초라한 숫자로 출발했던 히브리 사람들이 남자만 60만 대군이 되어서 이집트를 빠져 나오게 된 것이다. 그들은 이집트를 나와 하나님의 약속의 땅인 가나안을 향한 여행을 떠나게 되었다. 쉬운 여정은 아닐 것이다. 그러나 하나님이 함께 해 주시는 길이기에 모든 어려움을 이기고 마침내 하나님의 약속의 땅에 이르게 될 것이다.

### 이집트를 빠져 나오던 밤

성서는 이스라엘 사람들이 이집트를 빠져 나오던 밤을 이렇게 기록하고 있다. "그날 밤에 주님께서 그들을 이집트 땅에서 이끌어 내시려고 밤을 새우면서 지켜 주셨으므로 그 밤은 주님의 밤이 되었고"(42절)

"밤을 새우면서 지켜 주시는 주님"이 계시기에 오늘도 우리는 마음 든든하게 삶을 살아가고 있다. 밤을 새면서까지 우리와 함께 하시는 사랑의 하나님께 감사하면서 그 분만을 의지하는 우리가 되어야 할 것이다.

**oratio**

서로를 밤새 지켜 줄 수 있는 사랑의 사람 되게 하소서.

**contemplatio**

밤을 새워 지키시는 하나님

**actio**

이웃 가운데 밤새 지켜 줄만한 일들이 있는 가를 살펴보고 그 사람에게 사랑을 베풀어 보자.

제**3**부

하나님과 함께

# 13

## 누룩을 제거하라

**Lectio**

본 문: 출애굽기 13장 1절부터 22절까지
찬 송: 375장(나는 갈 길 모르니)

**Meditatio**

### 몇 가지 명령

이집트를 빠져 나온 이스라엘 백성에게 하나님께서 몇 가지 명령을 내리신다.

### 처음 난 것

"처음 난 것은 모두 거룩하게 구별하여 나에게 바쳐라. 사람이든지 짐승이든지, 처음 난 것은 모두 나의 것이다"(1절)

하나님은 이스라엘 백성에게 처음 난 것들에 대한 자신의 권리를 주장하시고 계신다. 당시 고대근동 지방에서 처음 난 것(맏이)의 개념은 상당히 중요하였다. 맏이는 모든 가문의 전승을 이어가는 가장 중요한 위치에 자리 잡고 있는 존재이다. 맏이는 차남 혹은 그의 동생들과 가문의 권리를 적당히 나누어 갖는 자리가 아니다. 맏이는 모든 것을 독점하는 자리이다.

맏이를 제외한 모든 가족 구성원은 맏이의 은혜에 의해서 살아가게 되는 존재이다. 맏이는 가문 혹은 한 사회를 지탱하는 핵심적인 개념이었다. 그를 통하여서 복이 전승되고 모든 가치관이 이어져 내려가는 것이다.

그런데 하나님은 바로 이러한 맏이들에 대한 자신의 권리를 주장하고 있다. 모든 이스라엘 백성에게 사람의 맏이뿐만 아니라 이스라엘 사람들이 기르고 있는 가축들까지 포함한 모든 맏이에 대한 권리를 요구하면서 바치라고 명령을 내리고 계신다.

### 맏이를 바쳐라

이스라엘 백성들은 이 같은 하나님의 명령에 순종해야 한다. 지금까지 자신들이 가지고 있던 모든 것이 자신들의 소유라고 생각하고 있던 옛 생각을 포기하고 맏이를 바치는 행위를 통하여서 모든 것은 하나님의 소유라는 생각으로 바뀌어야 한다. 하나님과 올바른 관계 설정을 위하여 가장 중요한 것은 소유권 개념의 변화이다.

내 것을 내 것이라고 하지 않고 하나님의 것이라고 고백하는 신앙이 밑바탕이 되지 않고서는 하나님과 관계는 정상화 될 수 없음을 깊이 깨달아야 한다. 맏이라고 생각하고 있는, 내 것이라고 생각하고 있는 모든 것이 궁극적으로는 하나님에게 속해 있다는 것을 믿고 그 믿음을 바탕으로 삶의 모든 행위를 정돈하지 않고서 하나님과의 관계를 올바르게 가질 수 없음을 분명히 해야 한다.

## 십일조

십일조의 의미가 무엇일까? 십일조는 하나님에 대한 투자가 아니다. 그것은 하나님에게 그분의 것을 돌리는 행위일 뿐이다. 십의 십 모두가 하나님의 것이기는 하지만 그 중의 맏이를 구별해서 하나님께 바침으로서 모든 것이 결국은 하나님의 것임을 고백하는 가장 중요한 신앙행위인 것이다.

오늘 우리가 살고 있는 세계는 자본이 신이 되어버린 세상이다. 많이 가진 자가 가장 존경받는 시대, 다시 말하면 물질과 돈의 신인 맘몬을 숭배하고 있는 세상이다. 이러한 세상에서 살아가면서 그렇게 소중한 돈, 중요한 자본의 십분의 일을 하나님께 바칠 수 있는 것은 출애굽기 시대의 이스라엘 백성들이 그들의 맏이를 하나님께 구별해서 바친 바로 그 행위이다.

오늘도 하나님은 우리의 맏이를 바칠 것을 요구하신다. 모든 것이 하나님의 소유임을 고백하고 그렇게 살아가라고 하시는 명령이다.

## 무교절을 지키라

무교절을 지킬 것을 또 다시 요구하신다. 무교절은 누룩을 넣지 않은 빵을 먹는 절기이다. 그 절기를 대대로 지켜 나가면서 그 기간을 통하여 그동안 우리의 삶에 침투해 들어와 있던 누룩들을 걸러내는 작업을 해야만 한다. 자동차, 컴퓨터 등에 대한 정기적인 점검이 필요하듯이 우리의 삶에 있어서도 누룩의 존재 여부에 대한 정기 점검이 필요하지 않을까?

우리의 신앙을 오염시키고 있는 영적인 바이러스와 스파이웨어들이 어떤 것이 있는지 걸러내는 작업을 늘 계속해야만 한다. 무교절을 지키는 것은 하나님과 올바른 관계를 유지하는 데 핵심적인 일이다.

하나님은 이스라엘 백성이 가나안 땅을 향하여 행군하여 나가기 전에 두 가지 요구사항을 지킬 것을 말씀하셨다. 하나님의 소유권에 대한 확정과 누룩의 유무에 대한 점검은 우리의 신앙을 지켜 나가는 데 있어서 중요한 두 가지 요소이다.

## 가나안 땅을 향하여

마침내 이스라엘 백성들은 가나안 땅을 향한 행군을 시작했다. 하나님은 그들을 가까운 길이 아닌 돌아가는 길로 인도하신다. 그들은 여러 날 동안 계속해서 행군을 하였다. 하나님은 이스라엘 백성들과 함께 여행길에 동행하면서 그들을 돌보아 주실 것이다.

오늘의 성서는 하나님이 이스라엘 백성들을 인도하는 모습을 낮에는 구름기둥으로 인도하고 밤에는 불기둥으로 인도하신다는 표현으로 기록하고 있다. 하나님은 이스라엘 백성들이 이집트를 빠져 나오는 밤, 밤을 새우면서 그들을 지켜 주셨다. 행군할 때도 그들을 그대로 내버려 두지 않고 구름기둥과 불기둥으로 늘 함께 하셨다. 상황에 따라 가장 적합한 방법으로 백성들과 함께 하셨다.

## 구름기둥과 불기둥

구름기둥과 불기둥은 인간의 삶의 역사를 향하여 적극 참여하고 개입하시는 하나님의 모습을 가장 적합하게 표현하고 있다. 하나님은 적당하게 그리고 알맞은 방법으로 우리와 함께 하면서 하나님 나라를 향한 우리의 걸음을 인도해 주시고 계신다. 이스라엘은 이제 함께 하시는 하나님과 가나안 땅을 향한 순례의 길에 나서고 있다. 함께 계시는 하나님을 기억하면서 용기를 갖고 살아가자.

### oratio

어제도 밤새 우리를 지키셨던 하나님, 낮에도 밤에도 구름기둥과 불기둥으로 우리를 인도하시니 감사합니다. 이제 가나안 땅으로 가는 긴 여행길에 오직 주님만을 나침반 삼아 길을 잘못 들게 하지 마옵시고 올바른 길을 걷게 하소서.

**contemplatio**

구름기둥과 불기둥

**actio**

나의 삶의 여정에서 경험했던 하나님의 구름기둥과 불기둥의 존재를 기억하고 교우들과 나누어보자.

# 주님께서 싸우실 것이니

**Lectio**

본 문: 출애굽기 14장 1절부터 31절까지
찬 송: 336장(환난과 핍박 중에도)

**Meditatio**

바로의 후회

이집트 왕 바로는 이스라엘 백성을 내보내기로 한 결정을 후회하였다. 마지막 재앙 후 어느 정도 시간이 지나자 바로는 안정을 되찾았다. 그리고 곧 바로 자신의 결정을 뒤엎고 이스라엘 백성들을 뒤쫓기로 한다.

이스라엘 백성들의 이집트에서의 떠나감은 자신의 왕권 약화는 물론 노예에 의해서 유지되던 이집트의 경제체제를 혼란에 빠뜨릴 수 있는 심각한 문제이기 때문이었다. 그는 신속하게 군대를 움직여서 이스라엘 백성들을 뒤쫓기 시작한다.

이러한 바로의 변덕스러움은 어디서 비롯되는 것일까? 그는 왜 이렇게 우왕좌왕 하는 것일까? 그러나 바로의 이 같은 번복 행위는 우왕좌왕이 아니다. 바로는 나름대로 일관성 있는 결정을 내리고 있는 것이다.

## 바로의 가치관

그는 자신의 삶을 지배하고 있는 가치관에 의해서 결정을 내리고 있다. 그는 자신의 이익이라는 절대가치에 의해서 삶의 행위를 결정하는 사람이다. 이스라엘 백성을 놓아준 것도 그렇게 하는 것이 자신의 기득권을 보호하는 것이라고 생각했기 때문이다.

이제 다시 생각을 고쳐먹고 이스라엘 백성을 뒤쫓게 되는 것도 자신에게 이익을 준다고 생각했기 때문이다. 그는 나름대로 자신의 기득권 보호라고 하는 가치관을 중심으로 행동하고 있다.

그렇다. 오늘 우리가 어떤 가치관을 중심으로 살아가고 있느냐 하는 것은 매우 중요하다. 바로처럼 기득권 유지라는 가치관을 중심으로 사느냐 아니면 '하나님 나라'라고 하는 가치관을 중심으로 살아가느냐 하는 것은 매우 중요하다. 우리의 행동을 결정짓는 가치관은 무엇인가?

## 하나님의 역사하심

바로의 이러한 결정에 대해서 성서는 또 다른 시각을 우리에 가르쳐 주고 있다. 오늘의 짧은 말씀에서 '하나님이 바로의 마음을 고집스럽게 만들었음'을 두 번에 걸쳐서 강조하고 있다(4절과 8절). 비록 바로가 자신의 기득권 보호라는 가치관에서 그런 일을 하였지만 그러한 모든 일이 하나님의 역사하심 안에 있다는 가르침이다.

결국은 모든 일은 바로의 고집과 그의 행동에 따라 결정되는 것이 아니라 하나님의 역사하심에 좌우됨을 성서는 강력히 주장하고 있는 것이다. 그러므로 아무리 놀랍고 강력한 힘으로 바로가 쳐들어온다고 하더라도 그것은 소용없는 일인 것이다. 그것은 하나님의 손 안에서 발생하는 하나의 해프닝(happening)일 뿐이다. 그냥 스쳐 지나가는 일이다.

## 역사의 물줄기

바로의 공격이 하나님의 역사의 물줄기를 바꾸어 놓을 만큼 힘이 있는 것이 아님을 성서는 가르쳐 주고 있다. 왜냐하면 바로의 고집스러운 마음조차 하나님께서 만들어 놓으신 것이기 때문이다. 우리는 하나님 나라의 역사를 이루어 가는 데 있어서 놀라거나 두려워할 이유가 없다.

아무리 큰 어려움이 오더라도 우리의 희망을 없애 버릴 만한 절망적인 상황에서도 하나님 나라를 향한 확신에 있어서 흔들릴 이유는 없다. 절망적인 상황까지도 하나님이 허락하신 것이고 하나님 역사 안에 있다. 결국 그것을 넘어서서 하나님은 자신의 나라를 오게 만드는 분이심을 확신할 수 있기 때문이다.

### 홍해에서

이집트 군대는 이스라엘 백성들의 코앞까지 진군해 나갔다. 이스라엘 백성은 막 홍해에 도착한 순간이었다. 군사 훈련이 전혀 되어 있지 않은 이스라엘 사람들, 어쩌면 오합지졸이라고 표현 할 수밖에 없을 정도로 조직이 전혀 되어 있지 않은 사람들, 게다가 그들의 앞에는 홍해가 있었다.

앞으로 나아가서 이집트 군대와 싸울 수도 없고 뒤로 물러서서 바다를 건널 수도 없는 진퇴양난의 어려움에 처해 있는 사람들. 그들이 할 수 있는 일이란 무엇인가? 아무것도 없었다. 이런 순간에 백성들 사이에서 원망이 나오는 것은 당연한 일이다. 백성들은 모세를 향하여 원성의 목소리를 높였다.

### 모세의 당당함

이러한 상황에서 모세는 당당한 모습을 보인다. 그리고 백성들에게 이렇게 말한다. "두려워하지 마십시오. 당신들은 가만히 서서 주님께서 오늘 당신들을 어떻게 구원하시는지 지켜보기만 하십시오. (중략) 주님께서 당신들을 구하여 주시려고 싸우실 것이니, 당신들은 진정하십시오"(13~14절).

### 대신 싸우시는 하나님

하나님이 우리를 대신하여 싸우시다니! 이보다 더 신나는 일이 어디에 있을까? 그저 우리는 하나님이 하시는 일을 구경만 할 뿐이다. 만일 우리가 하나님의 편에만 서 있다면 두려워 할 건 없다. 그 분이 우리를 대신하여 싸울 것이기 때문이다.

우리 삶의 문제는 우리 능력의 문제가 아니라 믿음의 문제임을 다시 한번 보게 된다. 믿음을 가지고 하나님께서 우리를 대신하여 싸우신다는 확신이 있다면 오늘 우리가 내리는 결정은 하나님 나라의 가치관에 적합한 결정이 될 것이다.

오늘 우리의 삶이 왜 하나님 나라로부터 멀어져 있는 것일까? 왜 믿는 사람들의 삶의 모습이나 교회가 행하는 일들이 하나님으로부터 멀어져 있는 것일까? 사람들의 재능이 모자라서 일까? 자본이 부족해서 일까? 프로그램과 방법이 뒤떨어져서 일까?

## 믿음의 상실로 인하여

아니다. 그것은 믿음을 상실했기 때문이다. 하나님이 대신 싸워 주신다는 믿음을 우리가 상실했기 때문이다. 오늘 믿는 이들과 교회의 문제는 믿음의 부족과 부재 때문이다. 그러므로 오늘 우리가 회복해야할 게 있다면 믿음이다. 하나님이 대신 싸우신다는 믿음이다.

오늘 우리에게 필요한 것은 방법론이 아니다. 오직 우리에게 필요한 것은 하나님이 직접 싸우신다는 하나님에 대한 철저한 믿음이다. 하나님의 나라와 의를 먼저 구하는 것이다. 그러면 다른 일들은 저절로 우리에게 선물로 주어질 것이다. 오늘도 하나님은 우리를 구하여 주시려고 싸우는데 우리는 그것을 믿지 못하고 있을 뿐이다. 믿음의 회복, 이것이 필요하다.

### oratio

하나님이 대신 싸우신다는 것을 굳게 믿고 조용히 인내를 가지고 하나님이 하시는 일을 지켜볼 수 있는 여유와 당당함을 허락하여 주소서.

### contemplatio

하나님이 싸우신다.

### actio

나의 삶 중에서 하나님이 대신 싸우신 경험이 있는가를 살펴보고 함께 나누어보자.

# 바다에 던져 넣으셨다

## Lectio

본 문: 출애굽기 15장 1절부터 27절까지
찬 송: 447장(이 세상 끝날 까지)

## Meditatio

### 전멸 당하는 이집트 군사

무서운 기세로 이스라엘 백성을 뒤쫓아 오던 이집트 군대들은 하나님의 능력으로 전멸을 당하고 말았다. 당시 고대근동의 지배적인 세력이었던 이집트 군대, 못할 게 없을 것 같았던 이집트 군대가 허무하게 무너지고 말았다. 인간의 무엇이 하나님 구원의 역사를 막아낼 수 있단 말인가?

다가오는 봄을 겨울의 차가운 기운이 아무리 드세게 막으려 해도 어느 사이 우리 곁에 봄이 와 있는 것처럼 하나님 나라의 역사는 그러한 것이리라. 우리가 의식하지 못하는 사이 우리 곁에 와 있는 하나님 나라의 놀라운 모습들을 보고 있다. 이집트 군대가 그대로 사장되었다는 사실은 우리에게 다시 한번 하나님 구원의 역사를 거부할 것은 하나도 없음을 절실하게 가르쳐 주고 있다.

## 거부할 수 없는 하나님의 역사

오늘 우리는 거부할 수 없는 하나님의 역사를 보면서 머리를 숙이고 하나님의 섭리에 우리의 삶을 맡길 수밖에 없다. 믿는 이들의 삶은 하나님 구원의 역사를 받아들이면서 그분의 뜻 가운데서 살아가는 것이리라. 모세와 아론을 비롯한 이스라엘 백성들은 놀라운 하나님 구원의 역사를 보면서 하나님을 찬양하지 않을 수 없었다. 이제 그들이 부른 찬양시를 살펴보자.

## 찬양시

이스라엘 백성들은 "바로의 병거와 그 군대를 바다에 던지시니, 빼어난 장교들이 홍해에 잠겼음"(4절)을 노래하고 있다. 하나님이 물리치신 이집트 군대는 능력이 뛰어난 장교들로 구성된 정예군이었다. 그들은 패배를 모르는 무적의 군인들이었다. 그럼에도 그들의 군대는 하나님의 능력 앞에서 맥없이 무너지고 만 것이다.

인간의 지혜로움이 하나님의 어리석음보다 못한 것이며 인간의 강함이 하나님의 약함보다 못한 것이 아니었던가. 오늘 우리는 하나님의 능력을 찬양해야 한다. 우리의 모든 것을 넘어서는 하나님의 능력과 지혜 앞에 겸손히 머리 숙여야 한다.

아무리 나의 능력을 자랑한다고 할지라도 그것은 하나님 앞에서는 아무것도 아님을 인정해야 한다. 우리는 내 능력으로 살아가는 것이 아니다. 하나님의 능력 앞에 나의 삶을 맡기는 것뿐이다.

## 간단한 하나님의 역사

이집트 군대들은 병거와 뛰어난 무기를 가지고 왔지만 하나님이 하신 일은 간단한 것들이었다. 하나님은 큰 위엄으로 군대를 물리치셨다(7절). 주님의 콧김으로 물리 쌓이고 이집트 군대들은 꼼짝을 못했다(8절). 하나님은 바람을 일으켜서 이집트 군대들을 물리치셨다(10절).

하나님 앞에서 자랑할 능력은 어느 것도 없음을 깨달아야 한다. 하나님의 능력 앞에 인간이 자랑하고 있는 능력이 얼마나 초라한 것인가를 깨닫게 된다.

## 하나님의 한결같은 사랑

하나님의 한결같은 사랑을 노래하고 있다(13절). 이스라엘 백성들이 수도 없이 하나님을 배반하고 원망하는 잘못을 저지르고 있음에도 불구하고 그들을 향한 하나님의 사랑은 변함이 없으셨다. 늘 한결같은 사랑으로 그들을 돌보셨다.

하나님은 그의 약속을 신실하게 이행하고 계신다. 하나님의 약속이 이행되고 있는 것은 인간이 약속을 지키고 있기 때문이 아니다. 인간의 실패가 있음에도 불구하고 하나님께서 신실하게 약속을 이행하고 계시기 때문이다.

주님은 약속을 신실하게 이행하실 뿐만 아니라 몸소 인간의 역사에 참여하셔서 인간의 구원의 역사를 손수 이끄시고 계신다. 하나님은 높은 하늘에서 인간을 내려다보시는 분이 아니다. 손수 이 땅으로 내려오셔서 인간과 함께 일하시는 참여의 하나님이다. 이런 하나님이시기에 오늘도 우리는 그분께 도움을 간구할 수 있다.

### 미리암의 노래

모세와 아론의 누이인 미리암도 하나님의 구원의 역사를 노래하고 있다. 미리암의 노래는 한나의 노래, 신약의 마리아의 노래와 함께 3대 여성의 노래로 알려져 있기도 하다. 미리암은 이 노래를 통하여 하나님께서 말과 기병을 바다에 던져 놓으셨음을 찬양한다.

세상에서 제일 높다고 하는 이집트의 군대를 바다에 던져 놓으심으로써 세상을 뒤 바꾸어 놓으시는 하나님을 찬양한다. 이 세상에서 제일 높다고 강하다고 자랑할 것은 아무것도 없다. 오직 하나님만이 영광을 받을 것이다.

하나님께서는 자기가 가장 강하고 높다고 하는 교만한 자들을 바다에 던지는 분이다. 교만한 자가 설 곳이 없도록 하시는 하나님이다.

### 찬양 뒤의 원망?

오늘의 말씀은 이러한 이스라엘 백성들의 하나님에 대한 찬양에도 불구하고 곧바로 하나님에 대한 원망을 늘어놓은 사람들에 대한 이야기를 전해주고 있다. 마실 물이 없어서 원망하는 이스라엘 사람들의 이야기가 바로 그것이다.

인간은 얼마나 이율배반적인 존재인가. 시시각각으로 변하기 쉬운 연약하고 간사한 존재인가. 자신의 이익 앞에서는 대의명분도, 정의도 사랑도 모두 잊어버리고 오직 자신의 안락만을 추구하는 이기적인 존재임을 보게 된다.

끊임없이 하나님을 원망하고 배반하고 은혜를 망각하는 이스라엘 백성들의 모습은 먼 나라의 이야기가 아닌 바로 나의 이야기임을 깨닫게 될 때 우리는 하나님 앞에서 회개의 삶을 살지 않을 수 없을 것이다.

그럼에도 불구하고 하나님은 우리를 치료해 주시는 분이다. 인간의 약한 면을 강하게 해주시고 다시 회복시켜 주시는 분이다. 치료하시는 하나님이 오늘도 우리의 연약한 부분을 강건하게 치료해주시고 회복시켜 주시기를 기도하는 것이다.

### oratio

주님, 과연 하나님을 대적할 만한 것이 인간에게 무엇이 있단 말입니까? 아무것도 없음을 고백합니다.

### contemplatio

하나님이 바다에 던지셨다.

**actio**

나의 삶에서 주님께서 행하신 구원의 역사를 기억하면서
찬양과 감사의 글을 써보자.

# 16

## 이것이 무엇이냐?

---

**Lectio**

본 문: 출애굽기 16장 1절부터 36절까지
찬 송: 255장(너희 죄 흉악하나)

---

**Meditatio**

### 100일이 지나서

이집트 땅을 탈출한지도 벌써 100일이 넘어가고 있었다. 이스라엘 백성들은 모세와 아론의 영도 하에 신 광야에 이르게 되었다. 신 광야는 메마른 땅이었다. 물이 적었고 따라서 짐승도 푸른 채소도 흔하지 않은 장소였다.

100일이 지나자 이스라엘 백성들이 이집트를 탈출할 때 가지고 나왔던 양식들이 다 떨어지고 말았다. 그들은 곧바로 모세와 아론을 원망하기 시작한다. 사실 백성들의 지도자를 향한 원망은 일리가 있는 원망이다.

먹을 것이 없는데, 자신과 자녀들이 죽게 되었는데 어찌 원망이 없을 수 있겠는가? 어쩌면 원망하고 불평하는 것은 인간의 본능이면서 또 다른 측면으로는 인간만이 가질 수 있는 독특한 삶의 권리일 것이다. 원망과 불평이 없었다면 인간 사회의 발전은 없었을지도 모른다.

### 이집트로 돌아가자

문제가 되는 것은 원망을 하는 백성들의 삶의 태도이다. 그들의 원망 속에 나타나는 생활관을 살펴보자. 그들은 말한다.

"차라리 우리가 이집트 땅 거기 고기 가마 곁에 앉아 배불리 음식을 먹던 그 때에 누가 우리를 주님의 손에 넘겨 주어서 죽게 했더라면 더 좋을 뻔하였습니다. 그런데 당신들은 지금 우리를 이 광야로 끌고 나와서 이 모든 회중을 다 굶어 죽게 하고 있습니다."

이스라엘 사람들의 문제는 바로 여기에 있었다. 하나님 나라의 미래에 대한 확고한 신념을 가지지 못하였다. 그들은 과거회귀를 꿈꾸고 있었다. 미래를 바라보지 못하고 삶의 고비 때마다 "아 옛날이여!"를 외치는 사람은 미래를 창조해 나갈 수 없다.

### 아, 옛날이여!

사실 이집트의 삶이 고기가 풍성한 삶은 아니었다. 그럼에도 불구하고 그들은 현재의 어려움 앞에서 가장 쉬운 길인 과거로 돌아가려고 하는 것이다. 과거에 안주하면서 오늘의 위기를 그저 넘기려 하고 있다. 그러나 이러한 역사관을 가지고서는 결코 새 하늘과 새 땅은 열리지 않는다.

믿음이란 무엇인가? 믿음은 진취적인 것이다. 과거로 돌아가는 것이 아니다. 과거를 붙들고 이집트에서 나오지 않았더라면 차라리 좋았을 것을 외치는 것이 아니다. 비록 오늘 삶이 어렵고 힘들다고 하더라도 하나님이 우리에게 젖과 꿀이 흐르는 새 세상을 약속하셨음을 믿고 앞을 향하여 나가는 것이다.

믿음의 선조들이 그러했다. "그들이 만일 떠나온 곳을 생각하고 있었더라면 돌아갈 기회가 있었을 것입니다. 그러나 사실은 그들은 더 좋은 곳을 동경하고 있었던 것입니다"(히 11:15~16a)라고 성서는 신앙의 위인들의 삶을 기록하고 있다. 오늘 우리는 어떤 역사관을 갖고 살고 있는가?

### 만나와 메추라기

하나님은 과거회귀를 꿈꾸는 이스라엘 백성들에게 또 하나의 징표를 보여 주신다. 바로 만나와 메추라기의 기적이다. 먹을 것이 없어서 원망하며 차라리 노예의 삶이 더 좋았다고 생각하는 그들을 버리지 않으시고 또 다시 돌이킬 기회를 주고 계신다.

하나님은 어떤 하나님이신가? 그분은 인내의 하나님, 관용의 하나님이다. 우리에게 또 다른 기회를 주셔서 우리가 하나님에게로 돌아오게끔 길을 열어 주시는 분이다. 원망하는 이스라엘 백성을 버리지 않으시고 끝까지 인도해 주시는 하나님이심을 본다.

## 이것이 무엇이냐?

하나님은 그들에게 처음 보는 만나를 내려 주신다. 만나를 보면서 이스라엘 백성들은 '이것이 무엇이냐?'라는 감탄사를 연발하게 된다. 그렇다. 하나님의 역사는 우리로 하여금 날마다 '이것이 무엇이냐?'의 감탄을 자아나게 만드는 역사이다.

하나님은 매 순간 우리로 감탄하게 만드는 분이다. 그분의 역사는 인간의 지혜와 지식으로 판단할 수 없을 정도로 깊다. 우리는 그분의 역사를 바라보면서 감탄할 뿐이다.

만나는 순전한 하나님의 역사를 의미한다. 인간의 노력이 개입되지 않는 하나님의 은혜를 상징한다. 40년 동안 아무것도 없는 광야에서 이스라엘 백성들은 만나로 상징되는 하나님의 은혜를 의지하고 살아가는 방법을 배워야 한다.

## 노예근성을 버리지 않고서는

과거로 돌아가려는 노예근성을 버리지 못하고 있는 이스라엘 백성들은 삶의 가치관이 변화되지 않고서는 가나안 땅에 들어갈 수 없다. 아니 들어간다고 하더라도 그것은 축복이 될 수가 없다. 하나님의 은혜를 의지하는 철저한 하나님의 사람이 되지 않은 채 가나안 땅의 진입은 아무런 의미가 없는 것이기 때문이다.

우리도 만나의 이적을 통하여 평생 하나님의 은혜에 의지하면서 살아가는 삶을 배워야 한다. 결국 우리의 능력으로 사는 것이 아니라 매 순간 하나님의 은혜에 힘입어 살아가고 있다는 믿음으로 살아가야 한다.

## 매 순간의 은혜

만나는 하루를 위한 양식이었다. 하루치 이상의 만나를 거둔 사람은 악취 때문에 먹을 수가 없는 사태도 발생하였다. 그렇다. 하나님은 축적의 하나님이 아니다. 하나님의 은혜는 묵은 은혜가 아니다. 하나님의 은혜는 하루하루 새롭게 공급되는 신선한 것이다.

매일 신선한 만나를 하나님으로부터 공급받아 살 수 있다면 오늘 우리의 삶이 얼마나 신선해질까? 매일 신선하게 공급되는 하나님의 만나를 받아 누릴 수 있도록 우리 삶의 가치관을 하나님의 나라를 향하여 집중시켜 보자. 신선한 만나의 기쁨을 위하여.

### oratio

주님, 만나의 이적을 통하여 평생을 통하여 하나님의 은혜에 의지하면 살아가는 삶을 배워가게 하소서.

`contemplatio`

이것이 무엇이냐?

`actio`

나의 삶에서 내가 만났던 만나의 경험을 생각해 보고 그
것이 무엇이었는가를 기록해보고 함께 나누어 보자.

# 17

## 바위를 쳐라

**Lectio**

본 문: 출애굽기 17장 1절부터 16절까지
찬 송: 543장(어려운 일 당할 때)

**Meditatio**

망각하는 인간

만나 이적은 이스라엘 백성들에게 하나님의 은혜를 의지
하고 살아가야함을 가르쳐 주었다. 그럼에도 그들은 얼마
후에 이러한 교훈을 잊어버리고 만다. 그것이 인간 아닌가!

깨닫고 잊고, 잊었다하면 또 다시 깨닫고 하는 것의 반복
이 인생인 것을. 하나님은 이러한 인간의 모습을 너무나도
잘 알고 계시기에 늘 때를 맞추어서 우리에게 이적을 베풀
거나 혹은 사건을 통하여 교훈을 남겨 주신다.

우리가 약한 존재이고 망각하기 쉬운 존재임에도 불구하
고 하나님의 자녀로서 삶을 유지해 나갈 수 있는 것은 하나
님의 인도하심과 이끌어 주심이 있기 때문이다.

## 이끄시는 하나님

성도의 견인! 우리를 이끌어 주시는 하나님, 마치 고장 나서 더 이상 움직일 수 없는 자동차가 견인차에 이끌려서 움직여지는 것 같이 하나님은 우리의 손을 잡으시고 우리를 하나님의 나라로 이끌어 가시는 분이심을 바라보면서 그분께 감사와 영광을 돌려야 할 것이다.

## 지도자의 지침

이스라엘 백성은 이번에는 마실 물을 가지고 모세에게 불평을 쏟아 놓았다. 이렇게 목말라 죽일 것이면 왜 이집트에서 끌어내왔느냐 하면서 대들었다. 모세도 이러한 변덕이 죽 끓듯 하는 백성들을 보면서 지칠 대로 지쳐 있었다.

지도자가 지치는 것! 이것은 참으로 위험한 일이다. 지도자가 지치면 더 이상 백성들을 어떻게 끌고 나갈 것인가. 이스라엘 백성들의 지나친 요구로 모세는 지쳐가고 있었다.

## 협조하는 사람들이 필요하다

한 공동체 혹은 한 사회가 올바른 방향으로 발전하기 위해서는 지도자도 훌륭해야 하지만 그 지도자를 중심으로 구성원들의 협조가 필수적인 것이 아닐까. 오늘 우리는 우리의 지도자들을 낙망시키고 절망하게 만들어 지칠 대로 지치게 해서는 안 될 것이다.

매 순간 용기를 주고 위로해 주고 또 지도자가 희망을 가질 수 있도록 힘을 실어 주어야 할 것이다. 그런 면에서 이스라엘 백성들은 실패하고 있었다. 이스라엘 백성들의 계속되는 실망적인 행동은 모세를 지치게 만들었고 급기야 모세는 하나님에게 하소연을 하게 되었다.

## 하나님의 위로

모세의 하소연을 들은 하나님은 그에게 이렇게 말씀하시면서 위로해 주신다. "너는 이스라엘 장로들을 데리고 이 백성보다 앞서서 가거라. 그리고 나일 강을 친 그 지팡이를 손에 들고 가거라. 이제 내가 저기 호렙 산 바위 위에서 너의 앞에 서겠으니 너는 그 바위를 쳐라."

다시금 모세는 하나님이 그의 앞에 서 있다는 사실을 깨닫게 된다. 그렇다. 그는 혼자 있는 것이 아니다. 하나님이 그의 앞에 서 있다. 그리고 하나님이 그를 통하여 또 다시 이적을 행하시고 계시다.

## 같은 지팡이지만

나일 강을 쳐서 물이 피가 되어 마시지 못하게 만들었던 저주의 지팡이가 이제는 마실 물을 만들어 내는 축복의 지팡이가 되고 있다. 저주와 축복은 누구의 손에 달려 있는 것인가. 지팡이의 힘이 아니다. 지팡이를 어떻게 사용하느냐에 따라서 그것은 저주가 되기도 하고 축복이 되는 것이다.

오늘 우리의 삶은 그것을 어떻게 하나님의 뜻에 맞추어서 살아가느냐에 따라서 저주의 통로가 되기도 하고 열방들로 하여금 하나님께 돌아오게 만드는 축복의 통로가 되기도 한다.

모세가 지팡이를 들어 바위를 쳐서 물이 나오게 하듯이 오늘 믿는 사람들은 삶이라고 하는 지팡이로 병든 사회를 쳐서 생명과 축복의 샘물이 솟아나오게 하는 역할을 감당해야 한다. 오늘도 하나님은 "너희의 믿음으로 메마른 삶을 쳐라. 그리고 생명이 넘치는 사회로 만들어 가라"라고 말씀하고 계신다.

### 아말렉과 전쟁을 벌이다

마라의 기적을 경험한 이스라엘 백성은 이집트를 탈출한 이후 처음으로 '아말렉'이라는 족속과 전쟁을 벌이게 된다. 이 전쟁은 이상야릇한 전쟁이었다. 모세가 손을 들어 기도를 하면 이스라엘 백성이 이기게 되고 모세가 피곤하여 팔을 내리고 기도를 그치면 싸움에서 패하게 되는 이상한 모습이다.

그래서 아론과 훌은 돌을 가져와서 모세로 하여금 앉게 하고 그들은 모세의 양쪽에 서서 그의 팔을 붙들어 올렸다. 이스라엘 백성들은 첫 전투에서 승리를 거두게 된다.

## 팔 올림과 내림

모세의 팔 올림과 승리! 이스라엘은 만나와 마찬가지로 먹을 것뿐만 아니라 가나안 땅을 정복해 나가는 데 있어서도 오직 하나님의 은혜만을 의지해야만 했다.

그러기에 먹는 것을 해결하는 것뿐만 아니라 그들의 정복 전쟁에 있어서도 하나님의 도우심과 임재 그리고 하나님의 은혜는 절실한 것이었다. 그것 없이는 아무 것도 할 수 없음을 그들은 배워야만 했다.

모세만 아니다. 이제 아론과 훌로 상징되는 모든 이스라엘 백성에게 하나님만을 의지하는 믿음이 필요한 것이다. 온 백성이 혼연일체가 되어 모세는 팔을 올리고 아론과 훌은 팔을 받치고 백성들은 자신에게 주어진 전쟁의 임무를 충실히 감당했었을 때 이스라엘에게 승리가 주어졌다.

오늘 우리 교회와 사회도 마찬가지이다. 이러한 삼위일체적인 협력이 이루어질 때 우리는 하나님의 나라를 향한 승리의 행진을 계속해 나갈 수 있을 것이다.

**oratio**

주님, 모세가 지팡이로 바위를 쳐서 물이 나오게 하듯이 오늘 믿는 이들의 삶이라고 하는 지팡이가 이 병든 사회를 쳐서 생명과 축복의 샘물이 솟아나오게 하는 역할을 하게 하소서.

**contemplatio**

바위를 쳐라

**actio**

나의 삶에서 모세가 굳은 바위에서 마실 물이 솟아나게 한 지팡이의 역할을 할 수 있는 부분이 무엇인가를 생각해 보자.

# 18

## 혼자서는 할 수 없네

**Lectio**

본 문: 출애굽기 18장 1절부터 27절까지
찬 송: 384장(너의 갈길 다가도록)

**Meditatio**

장인 이드로의 방문

어느 날 모세의 장인 이드로가 찾아온다. 그는 하나님이 어떻게 이스라엘 백성들을 이집트에서 인도해 내셨는가에 대하여 이야기를 듣고 있었다. 이미 주위에는 하나님의 위대하심이 널리 소문나기 시작하였다.

특별히 지금까지의 고대근동의 신과는 달리 그의 백성들을 위하여 직접 손수 나서서 백성들을 구원하고 사람들을 위하여 일하시는 하나님의 모습은 모두에게 신선함을 주고 있었다. 인간이 신을 위하여 희생하고 일하는 것이 아니라 신이 인간을 위하여 일하다니 얼마나 놀라운 신이신가!

### 이드로가 하나님을 알게 된 이유는?

장인 이드로의 말을 들어보자. "이스라엘에게 그토록 교만히 행한 그들에게 벌을 내리시고 치신 것을 보니 주님이 그 어떤 신보다 위대하시다는 것을 이제 나는 똑똑히 알겠네."

이드로가 하나님의 위대하심을 알게 된 것은 그분이 구원하시는 하나님이기 때문이다. 그분은 교만한 자를 내리치시고 힘 있는 자를 그 자리에서 끌어내시는 분이기 때문이다. 겸손한 자를 높이시고 가난한 자를 배불리 먹이시고 억눌린 자를 해방시켜 주시는 분이라는 것을 보았기 때문이다.

오늘 우리는 세상을 향하여 우리가 믿는 하나님의 위대함을 어떻게 알릴 수 있을까? 그것은 오직 하나님이 하시는 일을 세상 사람들에게 몸소 보여줌으로 가능한 것이 아니겠는가.

### 오늘 우리는 어떠한가?

오늘 하나님의 교회와 사람들이 하나님이 늘 하시던 일, 가난한 자를 돌보시고 교만한 자를 물리치고, 굶주리고 헐벗은 자들에게 온정을 베푸는 하나님 구원의 역사를 실천해 나갈 때 사람들은 하나님의 위대하심을 똑똑히 볼게 될 것이다.

## 게르솜과 엘리에셀

그는 모세의 두 아들과 함께 왔다. 첫째 아들의 이름은 게르솜, 둘째 아들의 이름은 엘리에셀이다. 게르솜은 이름이 뜻하는 것처럼(나그네) 모세가 나그네 되어서 유리방황할 때 얻은 아들이 아닌가. 이제 유리방황하던 시절을 넘어서서 모세는 당당히 이스라엘 민족의 지도자로 살아가고 있다.

이제 그는 둘째 아들 이름의 뜻처럼(나의 하나님이 나를 도우심) 하나님의 도움으로 이집트를 탈출하여 그의 민족을 이끌고 하나님의 약속의 땅으로 행진 중에 있다.

얼마나 큰 삶의 반전인가. 게르솜에서 엘리에셀의 삶으로 전환되어진 모세. 믿는 이들의 삶은 하나님의 구원의 역사 속에서 늘 게르솜에서 엘리에셀로의 반전을 이루는 삶인 것이다. 믿는 이들은 하나님의 구원의 역사 안에서 하나님의 놀라운 능력 아래에서 살아가고 있다. 믿음이란 얼마나 복된 것인가.

## 모세의 바쁜 삶

모세의 장인 이드로는 이제 모세가 하는 일들을 눈여겨보게 되었다. 모세는 이른 아침부터 밤늦게까지 눈코 뜰 새 없는 바쁜 생활을 하고 있었다. 그는 백성들이 그에게 가져오는 크고 작은 모든 일들에 대하여 판단을 내려주고 상담해 주는 일을 혼자서 감당하고 있었다.

장인 이드로는 모세가 모든 일을 혼자서 처리하는 것이 올바른 일이 아님을 보았다. 그는 권한다. "자네가 하는 일이 그리 좋지는 않네. 이렇게 하다가는 자네뿐만 아니라 자네와 함께 있는 이 백성도 아주 지치고 말걸세. 이 일이 자네에게는 너무 힘겨운 일이어서 자네 혼자서는 할 수 없네."

## 함께 이루는 하나님의 일

하나님의 일은 혼자 할 수 있는 일이 아니다. 하나님의 나라는 혼자서 이루는 나라가 아니다. 모든 것을 혼자서 할 수 있다고 생각하여 혼자서 떠맡게 되면 결국 자신도 지치고 그를 따르는 사람들까지 덩달아 지치게 될 것이다. 하나님의 나라는 다 함께 협력하여 이루는 나라임을 우리는 깨달아야 한다.

## 일을 분담하다

모세는 장인 이드로의 권고를 받아들여서 그의 책임을 서로 분담하는 정책을 구사하게 된다. 그는 백성들 중에서 지도자가 될 만한 자격과 능력을 갖춘 사람을 선별하여 크고 작은 일들을 분담시키기 시작한다.

이제부터 이스라엘 백성들은 한 사람에게 집중된 지도력이 아니라 서로 책임을 분담하는 체제로 변모하기 시작한다. 일을 서로 나누어 가지는 것! 이것은 얼마나 중요한 일인가?

한 공동체 내에서 책임을 서로 나누고 협력하고 크고 작은 지도자들을 선출하여 그들을 훈련시켜 미래 공동체를 이끌어갈 지도자를 삼는 것은 얼마나 중요한 일인가.

많은 경우 우리는 모든 책임을 혼자만 독차지할 뿐만 아니라 권력을 혼자서 독점하려고 한다. 그러나 이러한 일이 얼마나 위험한 일인가는 인류의 역사를 통하여 경험한다.

## 책임적 삶을 향하여

교회나 사회뿐만 아니다. 가정에서부터 우리는 서로 서로를 향하여 책임을 지고 살아가는 모습을 보여야 한다. 책임을 분담하고 함께 협력하는 아름다운 모습을 보이는 것이 믿는 이들의 의무이다.

이렇듯 책임의 분산은 무엇보다도 모든 역사는 결국에는 하나님의 손에 달려 있음을 인정하는 행위이기도 하다. 하나님이 나 뿐만 아니라 다른 사람에게도 능력과 은사를 주셔서 일하도록 하신 것을 인정하는 겸손한 삶의 태도이기도 하다.

## 함께 일하시는 하나님

하나님은 혼자 일하시는 분이 아니다. 하나님은 결국 자신이 일을 이루기는 하시지만 인간과 함께 일하기를 바라는 분이다. 오늘 우리는 하나님 나라의 사역에 함께 일하자는 하나님의 음성을 듣고 있다.

142

## oratio

주님, 함께 이루는 하나님 나라를 통하여 우리 모두가 주의 은혜에 감복하고 감사하는 삶을 살아가도록 하소서.

## contemplatio

혼자서는 안 됩니다.

## actio

나의 삶에서 협력을 이루기 위해서 내가 주의해야 할 일이 무엇인가를 생각해 보고 기록해 보자. 그리고 그것을 실천하기 위해서 기도하고 노력하자.

# 선을 넘어서지 말아라

**Lectio**

본 문: 출애굽기 19장 1절부터 25절까지
찬 송: 391장(오 놀라운 구세주)

**Meditatio**

시내 광야에 도착하다

가나안 땅을 향한 여행을 계속한 이스라엘 백성들은 드디어 시내 광야에 도착하였다. 시내 광야는 시나이 반도 남쪽 하단부에 위치해 있는 곳이다. 이스라엘 백성들은 지금 가나안 땅으로 직접 들어가는 진입로를 택하지 않고 있다. 오히려 그들은 우회로를 취하여 남쪽으로 행군을 계속한다.

시내 광야로 들어섰다는 것은 하나님의 약속의 땅인 가나안 지역으로부터 더 멀어졌다는 것을 의미하고 있다. 이집트를 떠난 지 100일이 거의 다 되어가는 시점이었다. 이스라엘 백성들은 가나안 땅으로 점점 멀어져 가고 있었다. 하나님의 약속도 사라져 가는 것일까?

그렇지 않다. 이스라엘 백성들로 하여금 우회하게 만드신 것은 하나님의 섭리였다. 그것을 우리는 후일 알게 될 것이다. 이러한 우회로를 통한 여행은 이스라엘 백성들로 하여금 수많은 불평과 불만을 갖도록 만들었다

가나안 땅을 우회해서 진입하는 것은 이스라엘 백성들이 반드시 거쳐야만 하는 과정이었다. 이 과정 없이 직접 가나안 땅으로 들어서는 것은 오히려 그들에게 저주가 될 수도 있는 것이 아니겠는가.

## 산으로 올라가는 모세

모세는 시내 광야에 도착해서 이스라엘 백성들로 하여금 진을 치게 하였다. 그리고 그는 산으로 올라갔다. 산(山)! 산은 하나님과 만나는 장소이다. 모세는 처음으로 야훼 하나님을 산에서 만났지 않았던가. 아무도 없는 외로운 산속에서 그는 홀로 하나님과 대면하였고 사명을 받았던 바 있다.

그에게 산은 하나님을 만나는 귀중한 장소이다. 이스라엘 백성을 이끌어 오면서 그는 참으로 많은 것을 경험하였다. 한 민족을 이끄는 것이 얼마나 어려운 것인가도 체험하였다. 자신의 진을 빼는 일이었고 그로 하여금 낙담하게도 하였고 지치게 만드는 일이었다. 그에게도 충전의 시간이 필요했다.

## 산에 오르는 것

그런 의미에서 산에 오르는 것은 하나님을 만남으로서 필

요한 힘을 충전하고 자신의 삶을 돌아볼 수 있는 좋은 기회이다.

산에 오르는 것! 그것은 믿는 이들에게 필요한 과정이다. 산에 오름 없이 어찌 한 평생 주님의 길을 갈 수 있을까? 하나님과 홀로 대면하는 시간을 갖지 않고서 우리 믿음의 여정은 흔들릴 수밖에 없다.

우리로 하여금 늘 바쁘게 살아가게 만드는 현대 사회에서 산에 오르는 경험은 매우 소중하고 필요한 것이다. 각자의 삶에서 모세처럼 정말 가끔씩은 산에 오르자. 그리고 그곳에서 홀로 하나님과 대면하고 하나님이 주시는 힘과 양식을 먹자.

그러면 우리 믿음의 여정은 한결 수월해질 것이고 신선함을 느끼면서 살아갈 수 있지 않겠는가.

산에 오른 모세에게 하나님은 몇 가지 말씀을 통하여 자신을 계시하신다.

### 어머니 모습의 하나님

자신을 또 다시 밝혀 주신다. 하나님은 이스라엘 백성을 사랑하는 신이심을 강조한다. 그것은 마치 어미가 새끼들을 돌보는 것 같은 심정임을 밝히고 있다. 엄하고 저주하고 벌주는 무서운 고대근동의 신의 모습에서 하나님은 자신은 어머니와 같은 자상한 사랑의 하나님이심을 밝히고 있다.

오늘 우리가 하나님 앞에 담대하게 나아갈 수 있는 것은 어머니와 같은 인자함과 섬세함 그리고 자상함으로 우리를 대해 주시는 하나님의 사랑이 있기 때문이다.

### 옷을 빠는 행위

하나님은 산에서 이스라엘 백성들에게 말씀하실 것이다. 그 말씀을 받기 위해서 이스라엘 사람들은 옷을 깨끗이 빨아 입고서 정결한 몸과 마음으로 그 말씀을 기다려야 한다. 하나님께 나아오는 자는 누구든지 자신의 삶을 돌아보아야 한다.

하나님께서 우리에게 원하시는 것은 '옷을 빨아 입는 행위'이다. 삶의 옷을 깨끗이 세탁하는 것이다. 우리 삶의 옷은 늘 세상의 때로 얼룩져 있을 것이다. 그러므로 우리에게 요구되는 것은 성찰과 회개를 통하여 날마다 그 삶의 옷의 때를 세탁하는 것이다.

우리는 하나님의 말씀을 받기 위하여 우리의 삶을 돌아보아야 한다. 자신의 삶을 돌아보아 회개하도록 하는 마음과 능력은 하나님이 그의 자녀들에게 주신 선물 중에서도 가장 위대한 선물일 것이다. 성찰과 회개 없이 우리는 하나님의 말씀을 들을 수 없다. 삶의 옷을 깨끗이 세탁하고 하나님이 우리에게 말씀 하실 때 들을 수 있는 우리가 되어야 할 것이다.

## 넘어서는 안 된다

백성들은 일정한 경계선을 넘어서는 안 된다. '산에 경계선을 정하여 그것을 거룩하게 구별하라.' 우리는 하나님의 말씀을 들을 때 하나님을 구별해야 한다. 하나님은 우리가 함부로 넘어서는 분이 아니다. 그분은 우리와 전적으로 다른 분이다. 그분을 가볍게 여겨서는 안 된다.

하나님과 인간의 구분, 또 하나님을 향한 인간의 한계를 분명히 하는 것은 절대적인 일이다. 우리는 하나님을 인간의 의지대로 조종할 수 있다는 생각을 해서는 안 된다.

하나님은 가볍게 여김을 당하실 분이 아니다. 우리는 하나님이 정해 놓으신 경계선을 넘게 되면 죽임을 당하게 될 뿐이다. 경계선을 넘어서는 안 된다. 하나님은 우리를 초월하여 계시는 분이다.

우리는 그분 앞에 엎드려 그분의 말씀을 듣고 순종할 뿐이다. 이스라엘 백성들은 이제 시내 산에서 경계선을 넘어서는 안 되는 하나님을 체험하게 될 것이다.

### oratio

산으로 올라가서 주님을 독대하는 경험을 하게 하시고 주님의 뜻에 우리의 삶을 전폭적으로 맡기는 하루가 되게 하소서.

**contemplatio**

넘어서지 말아라

**actio**

나의 삶에서 오직 하나님과의 홀로의 만남을 이룰 수 있는 장소를 마련하고 시간을 정해보자. 그것을 우리의 영적 산으로 규정하고 매일 산으로 올라가서 주님을 만나보도록 하자.

제**4**부

# 해방의 하나님

# 나는 너희 하나님이다

**Lectio**

본 문: 출애굽기 20장 1절부터 26절까지
찬 송: 95장(나의 기쁨 나의 소망되시며)

**Meditatio**

## 이집트 문화와 이스라엘 사람들

하나님은 산에서 이스라엘 백성들에게 계명을 내려 주신다. 이제 이스라엘 백성들은 가나안 땅 진입을 위하여 자신들의 삶을 준비시켜야 할 필요성을 가지게 되었다. 하나님께서 마련해 주신 새로운 세계에 들어가기 위해서 그들은 지금까지 가져왔던 낡은 생각과 가치관 생활 습관들을 벗어 버리지 않으면 안 되었다.

그들은 이집트에서 400여 년 동안 살아오면서 자신도 모르는 사이에 이집트의 생활과 문화에 빠져 있었던 것이다. 그리고 그것은 알게 모르게 이스라엘 사람들의 모든 것을 바꾸어 놓았다.

이제 이들은 다시 자신들의 조상인 아브라함과 이삭과 야

곱의 하나님에게 돌아와야만 한다. 그들의 조상의 하나님에
게로 돌아오지 않고서는 가나안 땅에 들어갈 수 없는 것이
다. 새로운 세계는 새로운 가치관과 새로운 의무를 우리에
게 주는 것이 아니겠는가.

## 계명과 하나님

하나님은 이제 모세를 통하여 이스라엘 백성들에게 십계
명을 내려 주신다. 그리고 그 계명의 정신을 지키면서 하나
님의 백성으로서의 삶을 살 것을 요구하신다. 하나님의 백
성들은 하나님의 법을 지켜가면서 살아가야 한다.

우리가 어떤 정신으로 살아가고 있는가 하는 것은 우리가
어디에 소속되어서 살아가고 있는 가를 보여 주는 것이다.
하나님 나라에 속해 있다는 것은 하나님 나라의 법을 지키
면서 살아갈 때 가능한 것이다. 십계명은 하나님 나라의 법
의 정신이 무엇인지 가르쳐 주고 있다.

## 해방하시는 하나님

먼저 하나님은 우리를 해방시키는 분임을 분명히 하고 있
다. 하나님은 인간들이 자유롭게 살아가기를 바라신다. 하
나님이 이스라엘 백성을 이집트의 종살이에서 해방시켜 주
신 것은 무엇보다도 인간 존재의 본질이 자유에 있음을 보
여주는 것이다. 어떠한 형태의 억압도 하나님은 용납하지
아니하신다는 것을 보여 주신 것이 이집트 탈출 사건이다.
오늘 우리를 억압하고 있는 것이 무엇인가? 우리의 자유

로운 삶을 억압하고 있는 것이 무엇인가를 살펴보자. 물질이 우리의 자유로운 삶을 억압하기도 한다. 명예와 권력에 대한 욕심이 우리로 하여금 자유로운 삶을 살아가지 못하도록 한다. 하나님은 말씀 하신다.

하나님 나라의 법을 지키면서 살면 이러한 모든 억압된 삶에서 자유를 얻을 것이라고 말씀 하신다. 하나님은 이스라엘 백성에게 십계명을 주시면서 자신을 이렇게 밝히고 계신다. "나는 너희를 이집트 땅 종살이하던 집에서 이끌어 낸 주 너희의 하나님이다."

## 큰 소리와 연기

그때 하늘로부터 큰 소리가 나고 산에서 연기가 피어올랐다. 백성들은 그 모습을 보고 두려움에 떨었다. 두려움에 떨고 있는 이스라엘 백성들에게 모세는 하나님의 나타나심은 사람들을 벌주기 위한 것이 아니라 오히려 그들로 하여금 죄를 짓지 않도록 하기 위함이라고 설명한다.

하나님을 향한 두려움과 경외는 이처럼 우리로 하여금 죄에서 멀리 떠나도록 만든다. 하나님의 존재를 기억하는 것만으로도 우리는 수많은 죄로부터 자유로워 질 수가 있을 것이다.

## 지켜보고 계시는 하나님

만일 우리가 하고 있는 모든 일에서 하나님이 지켜보고 계신다는 사실을 깊이 확신하고 있다면 우리의 삶에서 얼마나 많은 죄가 사라지게 될 것인가. 사람들은 하나님의 존재를 확신할 수 없기 때문에 죄를 범하기도 한다.

신앙이란 무엇인가? 하나님의 존재를 언제 어디서나 확인하는 것이 아니겠는가. 신앙이란 하나님께서 언제나 나와 함께 하고 계시며 나의 하는 일을 지켜보고 계신다는 사실을 몸소 깨닫고 살아가는 것이 아니겠는가.

신앙이란 임마누엘 하나님을 경외하면서 살아가는 것이다. 이스라엘 백성들은 하나님의 존재를 두려워하였다. 하나님의 존재는 그들로 하여금 두려움을 갖게 만들고 있다. 오늘 기독교는 사람들로 하여금 하나님을 경외하도록 하고 있는 것일까?

하나님은 이스라엘 백성들에게 하나님을 섬기는 법도를 가르쳐 주셨다. 하나님을 섬기는 것은 인간의 변덕이나 혹은 인간이 좋은 대로 하는 것이 아니다. 하나님을 섬기는 데에도 하나님의 법이 있는 것이고 하나님의 방법이 있는 것이 아니겠는가.

하나님을 하나님의 방법대로 섬기지 않으면 인간은 하나님을 자기 마음대로 조종하려고 할 것이다. 그러므로 신앙은 하나님의 방법을 이해하고 그 방법을 자신의 것으로 채

택하는 것을 의미한다.

## 흙으로 쌓는 제단

먼저 제단은 흙으로 쌓아야 한다. 인간의 인위적인 생각이 개입되는 것이 아닌 하나님이 주신 자연의 소재인 흙으로 만들어야 한다. 흙으로 제단을 만듦으로써 사람들은 하나님을 섬기면서 하나님의 존재는 인간이 만든 것이 아니라 하나님 스스로 존재하는 것임을 깨닫게 될 것이다.

## 다듬지 않은 돌 제단

돌로 만들게 될 때는 다듬은 돌을 써서는 안 된다. 돌에 인위적인 방법이 가해져서는 안 된다. 순수한 하나님의 것(자연의 소재)으로 하나님을 섬겨야 한다는 것을 가르쳐 주고 계신다. 신앙에 있어서 순수함이란 가장 중요한 요소이다.

그럼에도 불구하고 우리는 돌을 정으로 다듬어서 제단을 만든다. 하나님의 뜻이 아닌 인간의 기호가 가미된 믿음 세계를 만들고자 한다. 인간의 인위적인 생각이 들어감으로써 우리는 신앙의 세계를 하나님이 아닌 인간을 위한 것으로 만들어 가고 있다.

이제 우리는 다시 정으로 다듬지 않은 제단을 사용해야 한다. 인위적이 아닌 순수한 믿음의 세계로 돌아와야 한다. 오늘 우리에게 필요한 것은 돌을 다듬기 위하여 손에 들고 있는 정을 내려놓는 것이다.

156

흙과 다듬지 않은 돌로 만든 제단을 회복하는 것이다. 인간의 시도를 그만 두는 것이다.

### oratio

주님, 오늘 하루를 살아가면서 하나님의 방법을 최우선적으로 택하고 있는가를 살펴보게 하시고 점차 우리의 살아가는 모습이 나를 중심으로 하는 것이 아니라 하나님의 생각을 중심으로 형성되어 가도록 해 주소서.

### contemplatio

돌로 다듬지 않는 제단의 회복

### actio

지난 일들 중, 내가 해결책을 마련한 것 5가지를 골라보자. 그 해결책들을 되돌아보면 어떤 것이 하나님의 마음과 생각을 중심으로 했는지 혹은 오직 나를 중심으로 했는지 구분해 보자. 나는 어떤 삶을 살아가고 있는가?

# 여러 가지 법 1

**Lectio**

본 문: 출애굽기 21장 1절부터 36절까지
찬 송: 287장(예수 앞에 나오면)

**Meditatio**

신앙과 생활 그리고 계명

21장부터 23장까지는 이스라엘 백성들이 지켜야할 여러 가지 법들이 기록되어 있다. 십계명을 필두로 일상생활에서 발생하는 사건들에 대한 행동지침을 밝혀주는 법이 대부분이다.

하나님께서 가나안 정복을 앞두고 있는 이스라엘 백성들에게 주신 법은 그들의 생활과 직접 연결되어 있는 계명들이다. 그들에게 신앙과 생활이 분리되어 있지 않다는 것을 보여 주고 있다. 그들에게 하나님을 믿는 신앙은 삶 자체였다. 신앙과 삶은 어떤 관계를 가지고 있는 것일까?

## 일상적인 삶과 하나님

하나님은 인간들의 일상적인 삶에서 분리되어 있는 분이 아니다. 하나님은 이스라엘 백성들에게 계명을 주면서 자신은 백성의 삶에 직접 개입하여 그들을 이집트의 종살이로부터 구원해 낸 사실을 강조하고 계시다.

하나님을 믿는다는 건 역사의 현장 한 가운데서 믿는 것이다. 삶과 분리되어 있는 신앙은 하나의 철학이며 정신적 유희일 뿐이다. 우리가 하나님을 믿는다고 말할 때 그것은 반드시 직접적이고 구체적인 삶의 현장에 하나님의 말씀과 계명이 영향을 발휘하고 있다는 것을 의미하는 것이 되어야 한다.

## 종에 대한 계명

출애굽기 21장의 첫 번째 계명은 종에 대한 계명이다. 이스라엘 사람들은 이집트 종의 문화에 익숙해 있는 사람들이었다. 이집트 사회가 노예를 기반으로 하는 경제체제를 가지고 있었음을 감안해 볼 때 이스라엘 사람들도 이러한 노예제도에 대하여 반감을 갖지 않았으며 그대로 받아들였을 가능성이 높다.

그러나 하나님께서 이스라엘 백성에게 노예에 관한 법을 주셨다고 하는 본문을 하나님이 노예제도를 용인하고 있다거나 혹은 사람들 사이의 계급차이를 인정하고 있다고 주장하는 근거로 사용할 수는 없다.

현실과 하나님 나라

하나님이 이 법을 주신 것은 노예제도를 용인하는 것이 아니라 현재 존재하고 있는 제도 속에서 하나님 나라를 이룩해 나가라고 하는 명령으로 받아들여야 한다. 하나님이 원하시는 사회가 서로의 억압이 없는 자유로운 사회임에도 불구하고 인간의 죄악과 연약함은 이러한 하나님 나라의 오심을 거부하고 있음을 본문은 보여주고 있다.

하나님의 노예에 대한 계명은 주인을 위한 것이 아니라 불의한 제도 하에서 억압받고 있는 노예의 편에서 그들의 인권을 보호하기 위한 법으로 등장하고 있다. 그러므로 이 법은 약자보호법이라고 불러야 마땅하다.

아내에 관한 법도 마찬가지이다. 여자의 인권이 전혀 보호 받지 못하던 당시에 하나님은 여자의 인권에 대하여 말씀하시며 남자가 여자에 대하여 발휘하는 권력(폭력)에 대하여 제한을 가함으로써 또 다시 약한 자를 보호하시는 모습을 보여 주고 계신다.

결국 하나님은 이스라엘을 이집트의 종살이로부터 구원해 주신 신이라는 것을 그의 법령을 통하여 나타내신다.

폭력에 대한 계명

두 번째 법은 폭력과 그에 대한 처벌과 보상에 관한 것이다. 이 법도 마찬가지로 인간을 위한 법이다. 무감각한 법의 적용이 아니라 인간의 편에 서서 적용되는 법을 제정하고 계신다.

결국 하나님에게 있어서 가장 중요한 건 인간 자체였기 때문이다. 법을 만드시고 그것을 지키라고 명령하시는 것도 결국 그 법을 통하여 인간의 생명을 보호하시려는 것이다. 실수로 사람을 죽인 사람에게 대하여 정상을 참작하여 도피성으로 피신하여 공정한 재판을 받게 하는 것도 법이 사람을 위하여 적용되어야 함을 보여 주는 좋은 사례가 아닐 수 없다.

## 이에는 이 눈에는 눈

본문에는 또 함무라비 법전의 정신인 "눈은 눈으로, 이는 이로"라는 복수의 법이 기록되어 있는데, 이 법 또한 당시 무한정한 복수가 허용되던 상황에 제동을 걸고 있다. 복수에 대해 제한을 둠으로 인간의 생명이 소홀하게 다루어지거나 가볍게 여김을 당하지 않도록 조치하고 있다.

결국 하나님의 모든 법은 인간을 향한 법이라고 말할 수 있다. 오늘 우리의 믿음 생활이 하나님이 그토록 사랑하시는 인간을 향하지 않고 있다면 하나님이 원하시는 올바른 모습이 아닐 것이다.

## 동물에 의한 피해

출애굽기 21장 마지막 부분에는 한 사람이 소유하고 있는 동물에 의해서 사람이 피해를 입거나 혹은 소유 동물이 피해를 입었을 때의 배상 문제를 다루고 있다. 이 법 또한 마찬가지로 두 가지 중요한 원칙을 보여주고 있다.

하나는 손해에 대하여 반드시 배상을 해 주어야 한다는 것을 강조함으로써 소유주의 책임 의식이 두드러지고 있다. 두 번째는 사고가 날 것을 어느 정도 인지하고 있었느냐에 대한 문제이다. 사고가 날 소지가 있는 것을 알고도 적당한 조치를 하지 않았다면 소유주의 책임은 가중된다는 것이다.

## 소유와 책임

무엇을 소유한다고 하는 것은 단순한 소유에서 그치는 것이 아니다. 소유는 우리에게 그에 따른 책임을 요구한다. 하나님이 우리에게 무엇인가를 소유하게 하셨다면 우리는 그에 대한 책임도 완수하면서 살아가야 하는 것이다.

믿음이란 하나님이 우리에게 허락하신 소유물이 무엇인지를 제대로 깨닫고 그에 따른 책임적인 삶을 살아가도록 하는 것이다. 책임지지 않는 소유는 우리의 삶을 풍요롭게 하지 못하고 오히려 파멸의 길로 가도록 만들 수도 있음을 기억하자.

### oratio

주님, 신앙과 삶이, 하나님의 법이 진정으로 우리의 살아가는 모습을 결정짓게 하소서.

### contemplatio

믿음과 생활의 일치

### actio

손해가 되더라도 믿음과 일치되는 결단을 내린 적이 있는가를 생각해 보고 결과는 어떠했는가를 이야기 해보자.

여러 가지 법 2

**Lectio**

본 문: 출애굽기 22장 1절부터 31절까지
찬 송: 510장(하나님의 진리 등대)

**Meditatio**

도둑질에 대한 처벌

계속해서 이스라엘 백성들이 생활 속에서 지켜야 할 계율들이 기록되어 있다. 먼저 도둑질과 관련한 계명이 있다. 도둑질한 소나 양을 잡아먹거나 혹은 팔아서 이익을 남기면 처벌을 받게 되고 도적질한 물건에 대하여 배상을 해야만 한다.

여기서 주목되는 것은 함무라비 법의 기본 정신인 "이는 이, 눈은 눈"이 적용되지 않고 있다는 것이다. 소 한 마리를 도둑질해서 처벌 받게 되면 그는 소 다섯 마리로 배상해야 하는 가중 처벌이 적용되고 있다는 것이 두드러지게 나타난다.

양의 경우에는 네 배에 달하는 배상을 해야 한다. 만일 도둑질한 가축이 아직 살아 있다면 배상의 액수가 줄어드지만 그럼에도 두 배 이상의 배상을 해야 한다는 것이 도둑질한 사람에 대한 처벌 내용이다.

## 불의한 재물에 대한 엄격성

하나님은 이러한 계명을 통하여 불로소득 혹은 불의한 재물에 대하여 철저하게 책임을 묻고 계심을 알 수 있다. 이제 이스라엘을 가나안 땅에 들어가 정착하여 살면서 여러 가지 문제들을 당면하게 될 것이다. 위기를 당하게 될 것이다.

그러나 많은 위기 중에서 한 사회를 무너뜨리고 파멸로 몰아갈 수 있는 것은 바로 불의한 소득을 용납하는 것이리라. 이스라엘을 파멸 시키는 것은 외부의 적이 아니라 그 사회 안에 자리 잡고 있는 내부의 부패일 것이다.

## 불의와 무너짐

하나님은 오늘의 법을 통하여 불의한 소득을 얻는 자에 대하여 단호한 조치를 취하고 있다. 그가 불의한 방법으로 벌어들인 모든 소득은 그 몇 배에 달하는 배상을 해야 한다. 하나님은 불의한 소득이나 불의한 방법으로 쌓아올린 번영은 한 순간에 무너지는 것임을 경고하고 있다.

불의한 방법으로 얻은 소득을 자랑하는 사회 혹은 어떠한 방법이라도 성공하거나 돈을 벌면 존경받는 사회는 멸망의 길에 접어든 사회이다. 그 사회는 놀라운 번영을 누리고 있다고 할지라도 모래 위에 세운 집과 같은 것이다. 불의한 소득과 번영을 부러워하지 말자. 오히려 적은 소득이라도 깨끗한 소득을 자랑하자. 불의한 번영은 하나님의 심판을 피하지 못한다.

## 나그네 보호

오늘의 기록에서 주목되는 또 다른 법은 나그네 보호법이다. 나그네뿐만 아니라 고아와 과부를 비롯한 가난하고 연약한 자에 대한 보호법이다. 이스라엘 백성들은 나그네 대접하는 것을 소홀히 해서는 안 된다.

아브라함 시절부터 나그네 대접의 법은 이스라엘 백성들의 오랜 전통이었다. 아브라함도 이삭도 알지 못하는 사이에 나그네를 대접함으로써 하나님의 천사를 대접하는 결과를 보게 되었다는 전통은 이스라엘 사회에서 무시되어서는 안 된다.

## 나그네 학대 문화

그럼에도 이들은 오랜 이집트에서의 생활을 통하여 나그네를 적대시하고 그들을 박대하는 문화에 젖어 들어 있었다. 이제 이들이 한 공동체를 이루고 살아갈 때 그들 사이에서 나그네와 같은 소외된 사람들이 나오게 됨은 당연하다.

이런 상황에서 하나님은 이스라엘 백성들에게 나그네 환대의 아름다운 전통이 있음을 상기시키고 있다. 나그네를 괴롭히거나 못살게 괴롭혀서는 안 되는 이유를 성서는 이스라엘 백성들도 이집트에서 나그네로 살아왔기 때문이라고 말한다.

## 나그네를 환대하시는 하나님

그 뿐만 아니다. 하나님은 나그네의 외침과 하소연을 외면하지 않는 하나님이기 때문이다. 그러므로 이스라엘 백성들은 나그네 환대의 전통을 이어 나가야만 한다.

나그네 환대과 약한 자를 보호하는 전통은 한 사회의 건강과 장수를 보장하는 중요한 전통이다. 나그네와 약한 자를 보호하지 않고 오히려 그들을 학대하고 억압하는 사회는 현재 크게 번영할지라도 하나님이 내리시는 복을 받아 누릴 수 있는 자격을 상실하게 된다.

## 약한 자에 대한 배려

약한 자에 대한 배려가 없는 사회는 경쟁 대상 혹은 적으로 간주하여 서로를 향하여 전쟁을 벌이는 무서운 사회로 변하게 될 것이다. 약한 자에 대한 보호와 배려를 요구하는 하나님의 법은 약한 자만을 위한 법이 아니다. 모두가 함께 살아가는 데 필수적인 법칙이다.

믿는 이들은 이러한 하나님의 법이 우리가 살고 있는 사회에서 적용될 수 있도록 노력해야 한다. 약한 자를 우선적으로 배려하게 될 때 사회는 보다 월등하게 평화를 누리고 화합하는 사회가 될 것이다. 모두가 평화를 누리고 화합하는 것이야 말로 인간 사회가 누릴 수 있는 최대의 번영이 아니겠는가.

## 먹는 것에 대한 계명

마지막 주목할 법은 먹는 것에 대한 법이다. 하나님은 이스라엘 백성들에게 들에서 맹수에 찢겨서 죽은 짐승 고기를 먹지 말 것을 명령하시고 계신다. 이유는 한 가지이다. 그들은 하나님을 섬기는 거룩한 백성이기 때문이다.

먹는 것이라고 해서 모두 다 먹을 수 있는 것이 아니다. 능력이 있다고 해서 모든 일을 다 할 수 있는 것이 아니다. 하나님의 백성다움이 '할 수 있다와 없다'의 척도가 되고 있다.

## 자유와 믿음

하나님은 우리에게 자유를 주셨다. 그럼에도 우리가 모든 일을 다 할 수 있는 것은 아니다. 하나님의 자녀로서 품위를 지켜 나가는 일을 해야만 한다. 그 일이 우리로 하나님의 사람으로서의 품위를 잃게 하는 것이라면 하지 말아야 한다. 어찌 하나님의 백성이 아무 일이라도 할 수 있겠는가. 함부로 살아서는 안 된다.

**oratio**

주님, 오늘도 주님의 법을 사모하며 그 안에서 살아가는 하나님의 사람이 되게 하소서.

**contemplatio**

하나님 사람의 품위

**actio**

하나님의 사람으로 품위를 지키기 위해 하나님의 법을 지키기 위해 결단한 일이 있었는지 생각해 보자.

# 여러 가지 법 3

**Lectio**

본 문: 출애굽기 23장 1절부터 33절까지
찬 송: 279장(인애하신 구세주여)

**Meditatio**

### 마지막 생활 법

이스라엘 백성들이 살아가면서 지켜야 할 법에 대한 설명이 계속된다. 출애굽기 23장에는 3가지 종류의 법이 첨가되고 있다. 이 장에서는 생활법에서 종교법으로 넘어가는 과도기적인 모습을 보여 주고 있다.

하나님은 이스라엘 사람들이 공동체를 이루고 살아갈 때 지켜야 할 계명과 정신들을 가르쳐 주신 후에 종교에 관한 일정한 예식을 가르쳐 주고 계신다.

### 공정한 삶의 원칙

하나님은 이스라엘 사람들에게 공정한 삶의 원칙을 지킬 것을 당부하고 계신다. 사람이 사회를 이루고 살아가면서 그 사회를 평화롭고 화목하게 만들기 위해서 지켜야 할 삶의 자세 중 공정함이란 매우 중요한 것이다. 이리저리 한쪽으로 쏠리지 않고 마음의 평정을 갖고 균형 잡힌 삶을 살아가는 것은 매우 중요한 일이다.

거짓증언을 해서 죄인의 편을 들어서도 안 된다. 또 가난한 사람의 송사라고 해서 치우쳐서 두둔해서도 안 되지만 가난한 사람의 재판이라고 해서 그를 무시해서 불리한 판결을 해서도 안 된다고 말씀하고 계신다.

하나님에게 중요한 것은 현재 사람이 처해 있는 경제적 형편이 아니다. 하나님에게 중요한 것은 정의에 입각한 올바른 판단이다.

기준이 없는 사회

만일 한 사회가 일정한 기준 없이 감정과 혹은 상황에 따라서 일관성 없는 판결의 모습을 보일 때 그 사회는 표류할 수밖에 없을 것이다. 독재정권 시절 재판부가 모든 권위를 잃고 국민들에 의해서 무시당하게 된 것은 재판관들이 정권의 이익에 따라서 정의를 외면하고 불공평한 판결을 내렸기 때문이다.

그러므로 한 사회의 건강성은 그 사회 구성원들이 얼마나 정의에 입각한 공정한 행동을 하고 공정한 삶의 태도를 가지고 있느냐에 좌우된다. 신앙은 좌우로 치우치지 않고 하나님의 말씀의 진리에 입각하여 올바르고 공정한 삶의 태도를 갖게 만들어야 한다.

## 안식년과 안식일

이제 생활법의 마지막 단계로서 하나님은 안식년과 안식일에 대한 법을 가르쳐 주고 계신다. 안식년은 6년을 경작한 후에 그 땅을 쉬게 하는 제도이다. 안식일도 마찬가지로 6일 동안 일하고 하루를 쉬게 하는 제도이다.

안식일 제도는 무엇보다도 인간을 위하여 만드신 하나님의 사랑의 법이다. 쉼이 없는 인생에서 쉼을 허락하시는 하나님은 사랑의 하나님이심에 틀림없다.

## 고대근동의 신과 안식

고대근동 지방의 신들은 한결같이 인간들에게 쉴 틈을 주지 않았다. 그들은 어떻게 하면 인간들을 쉬지 못하게 하고 부려먹을까를 고민하고 연구하는 신이었다. 이 신들을 섬기는 이집트 왕들도 마찬가지로 그들의 신의 모범을 따라서 자신들의 노예를 쉴 틈 없이 부려먹는 포악한 군주들이었다.

이에 반해 이집트에서 이스라엘 백성들을 구원해 내신 여호와 하나님은 안식년과 안식일을 선포하시는 신이다. 그는 인간에게 쉼을 허락해 주신다. 그러므로 이러한 샬롬의 하나님을 믿는 이스라엘 사람들도 자신이 거느리고 있는 사람들에게 쉴 기회를 주어야 하는 것이다.

## 안식일과 하나님의 사랑의 배려

안식년과 안식일의 제정은 피조물들로 하여금 숨을 돌릴 수 있도록 하기 위한 하나님의 깊은 사랑의 배려에서 비롯된 것이다. 이스라엘 사람들은 가나안 땅에 들어가 살면서 새로운 사회를 건설하게 될 것이다. 그리고 그들은 열심히 일을 하게 될 것이다.

그러나 그들이 이룩하고자 하는 사회는 앞만 보고 쉴 새 없이 달려 나가는 사회가 되어서는 안 된다. 사람들로 하여금 가끔은 멈춰 서서 숨을 돌리게 할 수 있는 여유가 있는 사회가 되어야 한다.

하나님 나라는 어떤 나라일까? 바로 한 번씩 걸음을 멈추고 숨을 돌리게 만드는 여유가 있는 나라이다. 만일 어떤 사회가 화려한 경제적 성과를 이룩했다고 하더라도 그 구성원들로 하여금 한 숨 돌리게 하는 여유를 빼앗아 간 사회라고 한다면 과연 그것이 행복한 사회일까?

오늘 우리가 도달하고자 하는 삶은 어떤 삶인가? 여유를 가지는 사회인가? 아니면 한없이 앞만 보고 달려가는 사회인가?

### 종교법

이제 출애굽기는 종교법으로 그 관심을 돌리고 있다. 먼저 하나님은 모든 이스라엘 남자들이 꼭 지켜야 할 3가지 절기를 지정하고 있다. 무교절, 초막절, 수장절이다.

### 무교절, 맥추절 그리고 수장절

무교절은 이집트에서 430년간 종살이하다가 모세의 인도를 받아 출애굽하여 해방됨을 기념하며 지키는 절기이다. 그리고 맥추절은 유월절이 지나 50일 만에 여름 곡식, 즉 밀과 보리를 거두어들이고 하나님의 은혜에 감사하여 드리는 절기이다.

마지막으로 수장절은 가을 곡식을 다 거두어들이고 타작하여 창고에 수장하고 지키는 절기이다. 이 3절기를 지키는 것은 이스라엘 남자에게는 필수적인 것이었다. 이 절기를 지키지 않는 사람은 이스라엘 사람으로서의 자격을 상실하는 것이다.

### 종교적 절기의 의미

3절기 모두 인간의 삶 자체가 하나님의 은혜임을 기억하고 지키는 절기임을 주목해야 한다. 종교법이 3절기를 지킬 것을 명령하는 것으로 시작하는 것은 매우 의미가 깊다.

다시 말하면 우리의 삶 자체가 하나님의 은혜로 시작되었음을 인정하지 않고서는 신앙이 불가능하다는 것이다. 인간을 향한 하나님의 은혜와 능력을 인정하는 것이야말로 신앙의 첫 걸음이라는 의미이다.

오늘 믿는 이들에게 요구되는 것은 바로 이것이다. 형식적으로 교회에 나오는 것이 아니다. 하나님의 은혜를 기억하고 그분이 우리의 삶에서 절대적인 주인이 되신다는 것을 인정하는 것이 요구된다.

이 세 절기를 통하여 하나님의 은혜를 깊이 깨닫게 될 때 우리는 비로소 믿음을 향한 발걸음을 옮기게 되는 것이다.

### oratio

주님, 내일 걱정은 내일이 하게 하고 오늘 걱정으로 족한 삶을 살도록 믿음을 더하여 주소서.

### contemplatio

하나님의 은혜와 멈춤

### actio

오늘 숨 가쁘게 달려온 삶을 잠시 멈추고 우리와 함께 하셨던 하나님의 은혜를 돌아보는 시간을 가져보자. 경험을 기록하고 서로 나누어 보자.

언약을 맺다

**Lectio**

본 문: 출애굽기 24장 1절부터 18절까지
찬 송: 393장(오 신실하신 주)

**Meditatio**

다시 산으로 향하는 모세

하나님께서 다시 모세를 산으로 부르신다. 이번에는 모세뿐만 아니라 이스라엘의 장로 70명을 함께 산으로 부르신다. 산으로 올라가는 것! 그것은 하나님을 섬기는 데 있어서 필수적인 행위이다. 하나님은 우리 삶의 현장의 한 가운데 계시기도 하시지만 근본적으로 산에 계신다. 산은 인간이 감히 넘겨다보지 못하는 거룩한 곳이다.

산은 함부로 대할 수 있는 장소가 아니다. 그곳은 인간의 삶과 근원적으로 분리되어 있는 거룩한 곳이다. 우리는 하나님이 산에 계시다는 사실을 망각해서는 안 된다. 가끔 우리는 그 사실을 잊어버릴 때도 있다. 그래서 마치 하나님이 우리와 똑같은 존재인양 착각하고 행동하는 경우도 있다. 하나님은 산에 계시는 분이라는 사실을 깊이 생각하고 하나님을 대할 때 늘 경외하는 마음을 잃어서는 안 될 것이다.

## 모세와 칠십 장로

모세와 칠십 장로들은 하나님이 계시는 산으로 올라갔다. 모세를 제외한 칠십 장로들은 하나님이 현존하시는 장소에서 조금 멀찍이 떨어져 있었다. 오늘 성서의 기록 중에서 하나님과 모세 그리고 칠십 장로들이 만나는 장면에 주목해 보자.

하나님을 만나기는 하지만 감히 가까이 가지 못하는 그들의 모습을 보면서 하나님은 우리와 다른 분이시라는 것을 절감한다. 종교학에서는 이것을 '절대타자'라는 말로 표현한다. 하나님은 우리와 절대적으로 다른 분임을 잊지 말자.

## 모세의 말씀 선포

모세는 산에서 하나님을 만나고 계명을 받아서 내려온다. 그리고 백성에게 그 말씀을 선포한다. 하나님의 말씀을 들은 백성들은 한목소리로 주님께서 명하신 모든 말씀을 지키겠다고 대답한다. 하나님과 인간의 관계는 이렇다.

하나님은 말씀하시고 우리는 그 말씀을 듣고 지켜야 한다. 이것이 인간과 하나님의 기본적인 관계이다. 말씀하시는 하나님, 듣고 순종하는 사람. 우리는 기본적으로 하나님의 말씀에 귀를 기울여야 한다. 그리고 그 말씀에 순종하기 위해서 최선을 다해야 한다.

## 믿음과 말씀 듣기

믿는다고 하는 것은 하나님이 말씀하실 때 그 말씀을 마음으로 받아 행동으로 옮기는 실천적인 것이다. 말씀은 듣는 것으로 끝나는 것이 아니다. 순종하고 실천해야 하는 것이다. 오늘 우리는 하나님의 말씀에 귀 기울이는 믿음이 있는가? 그리고 그것을 실천하고 있는가?

## 열두 기둥을 세우다

모세는 하나님의 말씀을 전하고 백성들이 그 말씀에 응답하여 순종하기로 약속하고 열두 개의 기둥을 만들어 세운다. 열두 기둥은 하나님과 인간 사이의 약속을 상징한다.

이스라엘 사람들은 열두 기둥을 보면서 하나님과 그들이 맺은 언약을 기억해야만 한다. 그리고 하나님께 순종하는 것이 인간의 기본적인 의무임을 늘 상기해야 한다. 오늘 우리도 우리의 마음에 열두 기둥을 세워 놓아야 한다. 그것을 볼 때마다 하나님과 맺은 언약을 기억할 수 있어야 할 것이다.

믿음 생활에 있어서 종교적 상징은 매우 중요하다. 상징을 바라보면서 잊어버리거나 소홀했던 하나님에 대한 기억을 떠올릴 수 있기 때문이다. 우리 마음에 열두 기둥을 세워 놓고 순간마다 하나님과 맺은 언약을 기억해 보는 것도 좋을 것이다.

## 동물 제사를 드리다

모세는 하나님과의 언약을 백성들에게 상기시키면서 제사를 드린다. 동물을 잡아 그 피를 뿌리는 제사를 드렸다. 그리고 그 동물의 피를 백성들에게 뿌리면서 말하였다. "보십시오. 이것은 주님께서 이 모든 말씀을 따라 당신들에게 세우신 언약의 피입니다."

모세는 하나님과 맺은 언약의 진지함을 이렇게 표현하고 있다. 하나님과 맺은 언약은 단순한 것이 아니다. 그것은 생명의 언약이다. 하나님과의 언약을 지킴으로써 우리는 영원한 생명을 얻는다. 하나님을 떠나면 우리에게 진정한 생명은 없어진다.

오늘 우리는 하나님과의 언약을 얼마나 진지하게 여기고 있는가? 하나님의 계명을 지키는 게 생명과 같이 귀중한 것으로 다가오고 있는가?

## 다시 산으로 향하는 모세

백성들과의 만남을 마친 후 모세는 또 다시 산으로 올라간다. 이번에는 그의 후계자 여호수아만을 데리고 산으로 올라간다. 거기서 모세는 하나님으로부터 직접 계명을 받게 될 것이다. 모세는 하나님과 대면하여 직접 대화를 나누게 될 것이다. 모세는 사십일을 산에서 지내며 하나님으로부터 말씀을 받게 될 것이다. 그 말씀은 이제 이스라엘 백성들이 하나님을 어떻게 경배할 것인가에 대한 말씀이다.

## 구름으로 뒤 덮인 산

모세가 하나님이 임재하시는 산으로 올라가자 구름이 산을 덮었다. 어느 누구도 감히 산을 바라볼 수 없게 만들었다. 하나님은 감히 인간이 쳐다볼 수 없는 존귀한 분이다. 그 누구도 구름이 뒤덮인 산을 올라가 하나님을 만나볼 수 없다.

구름이 덮인 산에 계신 하나님은 인간에게는 영원한 신비로 남아 있는 분이다. 하나님을 감히 완벽하게 알 수 있다고 주장할 수 없는 것은 하나님은 구름이 덮여 있는 산에 계시는 분, 인간의 접근을 허용하지 않는 분이기 때문이다.

이제 하나님은 인간이 접근할 수 없는 위치에서 인간에게 계명을 내려 주실 것이다. 그 계명은 인간이 감히 거역할 수 없는 진지한 것이 될 것이다. 우리는 말씀을 받아 단지 순종하며 따를 뿐이다.

### oratio

주님, 산에 계신 하나님을 생각하면서 내 뜻이 아닌 하나님의 뜻에 나의 삶을 맞추어 가게 하소서.

### contemplatio

구름 덮인 산

### actio

오늘 하루 시간을 정해서 하나님을 만나는 나의 고유한 산을 하나 만들어 보자. 그 산에서 침묵 가운데 나를 향한 하나님의 음성에 귀를 기울어보자. 들려진 그 분의 음성을 기록해 보자.

제 **5**부

# 성막을 준비하다

이렇게 만들어라

Lectio

본 문: 출애굽기 25장 1절부터 40절까지
찬 송: 327장(주의 주실 화평)

Meditatio

종교법

이제 하나님은 이스라엘 백성들에게 종교에 관한 법을 가르쳐 주고 계신다. 종교에 관한 계명은 31장까지 계속되고 있다. 하나님은 이러한 법을 통하여 자신과 이스라엘 백성들 사이의 관계를 수립하고 계신다.

하나님은 말씀하셨다. "내가 너에게 보여주는 모양과 똑같은 모양으로 성막과 거기에서 쓸 모든 기구를 만들어라"(9절) "이 모든 것을 내가 이 산에서 너에게 보여 준 모양 그대로 만들도록 하여라"(40절).

하나님을 섬기는 법과 인간

하나님을 섬기고 경배하는 데는 일정한 법이 있다. 인간의 마음대로 하고 싶은 대로 하는 것이 아니고 일정한 예의와 법을 지켜가면서 하나님을 섬기는 것이다.

하나님이 이렇게 하시는 것은 하나님이 법을 좋아하시기 때문이 아니다. 이러한 법을 제정하시고 인간들에게 가르쳐 주신 것은 인간을 위한 것이다. 사람은 이러한 법을 지켜가면서 스스로 깨닫게 된다.

법의 테두리 안에서 사람들은 자신이 하나님을 섬기고 있는지 혹은 그렇지 않은지를 스스로 판단하게 될 것이다. 그리고 이러한 법을 지킴으로써 우리는 하나님은 인간이 내키는 대로 조정할 수 있는 분이 아니라는 것을 알게 되는 것이다. 오늘의 말씀은 하나님을 섬기는 데 있어서 사람들이 지켜야할 몇 가지 중요한 원리와 정신을 가르쳐 주고 있다.

### 예물을 드림

먼저, 성소를 지을 예물을 주님께 드려야 한다. 주님께서 모세에게 이렇게 말씀하셨다. "너는 이스라엘 자손에게 말하여 나에게 예물을 바치게 하여라. 누가 바치든지, 마음에서 우러나와 나에게 바치는 예물이면 받아라."

### 참여

무엇보다도 먼저, 하나님이 머무는 성소를 만드는 데 있어서 모든 사람들의 참여는 필수적이다. 하나님을 섬기는 것은 혼자 섬기는 것이 아니다. 모든 믿는 백성들이 함께 참여할 때 그 의미를 갖게 된다.

하나님의 나라는 혼자 힘으로 달성되는 것이 아니다. 하나님의 나라는 함께 어울려서 만들어 가는 합창이다. 그러기에 오늘도 하나님은 그의 나라를 만들기 위해서 모두의 참여를 원하고 계신다. 우리는 주님의 부르심을 듣고 동참하고 있는가?

## 모든 백성의 예물

하나님의 성소를 만들 예물을 모으기 위해서 몇몇 뛰어난 재력가의 도움이 필요했던 게 아니다. 하나님은 모든 이스라엘 백성들을 향하여 예물을 가져올 것을 말씀하시면서 하나님 나라는 백성 모두의 참여를 필요로 하고 있음을 가르쳐 주고 계신다. 뛰어난 소수의 능력이 아니라 모두의 참여로 이 땅위에 하나님의 나라가 이루어질 수 있음을 깨닫고 작은 것일지라도 하나님 나라 건설에 힘을 합쳐야 한다.

## 자원, 스스로 함

두 번째 중요한 정신과 원리는 자원이다. 스스로 원하는 것이다. 하나님의 나라는 억지로 가는 것이 아니다. 마음 깊은 곳으로부터 원하는 것이 있어야 한다. 스스로 선택하고 스스로 자원하여 이루어 내는 것이다.

하나님은 말씀하신다. "누가 바치든지, 마음에서 우러나와 나에게 바치는 예물이면 받아라." 하나님이 원하시는 것은 예물의 크고 작음이 아니다. 마음이다.

마음이 없는 예물은 아무리 비싸고 좋은 것이라 할지라도 하나님으로부터 거부당하는 것이다. 하나님은 가볍게 여김을 당하시는 분이 아니다. 그분은 우리의 마음 깊은 곳으로부터 우러나오는 진정을 원하신다.

## 중심을 보시는 하나님

하나님은 겉이 아니라 우리의 중심을 보는 분이심을 기억하자. 하나님 나라는 물질의 양에 달린 것이 아니라 우리 마음의 질에 달려있다. 하나님 나라는 교인 수가 아니라 교인들의 진정한 마음에 의해서 이루어진다. 그러므로 우리는 숫자를 자랑할 것이 아니라 우리의 진정한 마음을 소중하게 여겨야 한다.

오늘 우리는 하나님에게 무엇을 바치고 있는가? 마음이 없는 예물을 바치는 것은 아닌가? 주님이 말씀하신 "재물이 있는 곳에 너의 마음이 있다"는 재물을 바치는 것이 중요한 것이 아니라 마음을 함께 바쳐야 함을 강조하는 말씀이다.

## 아카시아 나무로 만든 상

언약궤와 하나님께 차리는 상은 아카시아 나무로 만들어야 한다. 아카시아 나무의 히브리명은 싯딤(Shittim)이다. 싯딤의 학명은 Acacia raddiana Savi이다. 조각목이 아니라 '아카시아 나무'인데, 중국에 아카시아 나무와 흡사한 조각자

나무가 있어서, 중국어 성경에 조협목으로 번역한 것을 우리도 그대로 옮겨 조각목으로 오역한 것이다.

이 지역에서는 자주 볼 수 있는 흔한 식물이다. 아카시아 나무는 열대지방에 분포되어 있는 콩과의 상록수로서 단단하고 잘 썩지 않으며 내구력이 강하다.

이 나무는 우리가 생각하는 것처럼 굵고 곧게 뻗는 나무가 아니다. 건축용 목재로는 쓸 수 없는 나무다. 그러나 이스라엘 백성이 광야 생활을 하면서 사막지대에서 얻을 수 있는 나무는 이것뿐이었다.

하나님이 우리에게 원하는 것은 화려함이 아니다. 우리가 최선을 다할 것을 원하시는 것이다. 우리가 아카시아처럼 별 쓸모 없는 것처럼 보일지라도 하나님의 손에 잡히면 재목이 될 수도 있음을 생각하자.

### oratio
주님의 손에서 훌륭하게 주의 뜻을 이루는 하나님 나라의 도구로 살아가게 하소서.

### contemplatio
아카시아 나무와 같은 우리

**actio**

나의 삶의 어떤 부분이(아카시아 나무 같은) 하나님 나라의 도구로 쓰임 받을 수 있을까?

성막

**Lectio**

본 문: 출애굽기 26장 1절부터 37절까지
찬 송: 446장(주 음성 외에는)

**Meditatio**

성전 건축

본문은 성막 건축에 관한 기록이다. 히브리어로 성막은 미슈칸(거처, 처소, 장막), 오헬(천막), 믹다시(신성한 곳)라고 한다. 그리스어로는 스케네라고 하는데, 이 단어는 '천막, 초막, 거처, 처소'라는 의미이다

성막의 의미

성막은 야훼가 출애굽 이후 거하면서 그의 백성을 만난 곳이었다. 성막이 성전의 모델이 되었다. 성막은 이스라엘 백성이 광야생활부터 솔로몬의 성전시대까지 이스라엘 백성들의 제사를 위한 장소로 운반이 가능했던 성소를 말한다.

성막은 하나님이 자기 백성과 함께 거한다는 상징으로 세워졌다. 길이 45m, 너비 2.5m인 뜰 가운데 세워졌고, 뜰 사면은 광목 휘장으로 가려져 있었다. 이 휘장은 청동으로 만든 기둥 60개로 지탱되었다. 뜰 안에 번제를 위한 큰 제단이 있었고 제사장들이 제사를 위하여 자기 몸과 제물을 씻는 청동 물두멍이 있었다(출 30:17~21).

## 언약궤

뜰의 서쪽 끝에 세워진 성막은 목재 구조로 길이 14m, 너비 4.5m 이었으며, 두꺼운 휘장으로 성소와 지성소를 구별했다. 내부는 광목천으로 둘러져 있었고 외부는 두 겹의 가죽 휘장으로 덮여 있었다.

성소 내부에는 진설병의 떡상, 금 촛대, 분향단이 있고, 지성소에는 오직 언약궤만 있었다. 언약궤는 나무로 만들어지고 금박을 입힌 상자 모양의 것으로 증거 판, 만나 항아리, 아론의 싹 난 지팡이가 들어 있다(출 25:16).

## 이집트를 출발한 후 2년

성막은 이집트를 출발한 지 2년째 되는 해 시나이 산에 세워졌다. 35년 동안 가데스에 있었고, 이스라엘 백성이 진행할 때에는 항상 먼저 진행했다(민 10:33~36). 후에 이것이 머물던 곳은 길갈, 수로, 놉, 기베온 등이었다. 다윗이 이것을 예루살렘으로 옮겼으며, 성막은 성전 건물로 대체되었다.

성막은 실제 하늘의 모형이었고(히 9:23~24), 성령 안에서 하나님의 거할 처소였으며(출 25:9), 성령의 전인 성도의 상징이었다. 동시에 하나님 은혜의 증거였다.

## 성막의 의미

광야에서 이스라엘 백성들이 세운 성막이 갖는 의미를 다음과 같이 정리해 본다.

1. 하나님의 명령에 의해서 세워졌다. 성막은 하나님이 그의 백성들 사이에 거주하고 계심을 나타내고 있다.

2. 하나님이 지시하신 대로 세워졌다. 인간의 의도가 배제되게 하고 있다.

3. 백성들의 자발적인 참여와 헌신으로 이루어졌다.

4. 하나님의 거룩하신 임재를 상징하고 있다.

5. 광야에서 각 지파들은 성막 둘레에 진을 쳐서 하나님이 그들의 삶이 중심이 됨을 가르치고 있다.

6. 성막은 이동이 가능한 형태를 갖춤으로서 인간 삶의 현장과 함께 하시는 하나님을 보여주고 있다. 삶의 현장과 유리된 종교는 그 의미를 상실하게 된다.

7. 성막은 다양한 족속으로 이루어진 이스라엘 백성들을 한데 묶어 주는 삶과 예배의 중심이 되었다.

## 검소한 재료로 만들어진 성막

광야에서 성막은 주로 주위에서 구할 수 있는 검소한 재료를 중심으로 만들어졌다. 물론 시간이 감에 따라서 점차 화려함이 더해지기는 했지만 대체적으로 성막은 본래의 검소한 모습을 유지하고 있었다. 광야에서 만든 성막은 왕정 시대가 시작되기 전까지 사사시대를 거쳐서 약 485년 동안 성전으로 사용되어진 것으로 추정된다.

## 성막의 변화

이러한 성막은 왕정, 특히 솔로몬 시대에 들어오면서 급격한 변화를 겪게 된다. 이제 광야에서의 이동식 성막의 개념은 사라지고 붙박이 성전의 개념이 도입되면서(붙박이 성전 개념은 고대근동 종교의 특징이다) 건축비도 기하급수적으로 늘어나게 된다.

## 신앙의 타락

하나님의 명령대로 세워진 성막이 점차 그 위치를 벗어나서 인간의 위용을 자랑하는 수단으로 전락되었을 때 야훼 하나님에 대한 이스라엘 백성들의 신앙은 타락하게 되었음을 우리는 기억해야 할 것이다.

그러므로 오늘 믿는 사람들에게 다시 한번 광야의 성막 체험은 우리의 삶과 함께 하시는 역사 속의 하나님으로 돌아가게끔 만드는 귀중한 기억이 될 것이다. 우리는 성막의 하나님을 잃어버리고 인간의 위용을 나타내기 위하여 만들어진 화려한 성전의 신을 숭배하고 있는 것은 아닌지 생각해 보아야 할 것이다.

### oratio

주님, 우리의 자랑과 과시가 아니라 과연 하나님이 원하시는 것은 무엇인지를 성실하게 고민하도록 하소서.

### contemplatio

광야의 성막 속에 계시는 하나님

### actio

내가 혹은 우리 교회가 하나님을 위해서 한 일이라고 자부하는 일을 하나 선택해 보자. 오늘의 말씀에 비추어서 과연 그것이 하나님이 원하시는 모습이었을까를 깊이 생각해 보고 성찰해 보자. 그리고 기록해 보고 서로 나누어 보자.

## 27

# 등불을 늘 켜 두어라

**Lectio**

본 문: 출애굽기 27장 1절부터 21절까지
찬 송: 325장(예수가 함께 계시니)

**Meditatio**

### 성막의 내부 구조

성막 건축에 대한 자세한 설명이 끝나고 제단을 비롯한 성막의 내부 구조에 대한 명령이 이어지고 있다. 27장에는 3가지 내부 구조가 나오고 있다. 제단 만들기, 성막 뜰 울타리 그리고 등불 관리에 대한 기록이 나오고 있다.

### 제단 만들기

먼저, 제단 만들기에 대한 설명을 살펴보자.

### 아카시아 나무의 제단

우선 제단은 아카시아 나무를 이용하여 만들어야 한다. 하나님께 예배와 제사를 드리는 성막 내에서 가장 중요한 구조물 중의 하나를 당시 이스라엘 백성들이 진치고 있던 광야에서 가장 흔하게 발견되던 아카시아 나무로 만들 것을 요구하시는 하나님의 모습은 사람 편에서 사람을 위하고 사랑하시는 야훼 하나님과 사람이야 어떻게 되던지 상관하지 않고 자신의 영광만을 위해 무자비한 희생을 요구하던 고대 근동 지방의 이방신들을 철저하게 구별하고 있음을 보게 된다.

## 놋 기구

제단 만들기의 주재료로 아카시아를 사용하는 것과 더불어 제사에 사용되는 모든 기구들을 모두 놋으로 만들라고 하는 하나님의 명령에 주목해 보아야 한다.

당시 이집트를 비롯한 메소포터미아 지역은 막 청동기 시대를 지나고 철기 시대로 진입해 들어가는 시점이었다. 그럼에도 불구하고 하나님은 자신에게 예배드리는 장소인 제단을 최첨단 기구를 사용하라고 명령하지 않고 있음을 알게 된다.

## 하나님이 요구하시는 것

하나님은 오히려 당시 사람들에게 가장 익숙해 있던 청동기를 사용하도록 명령하고 있다. 하나님이 원하시는 것은 최첨단이 아니다. 그분이 우리에게 원하시는 것은 우리의 상황 속에서 최선을 다하는 것이다.

하나님은 우리의 희생을 원하시는 분이 아니다. 자신을

향한 사람들의 사랑을 원하는 분임을 볼 수 있다.

### 속이 빈 제단

마지막으로 제단은 속이 비게 만들어야 한다. 하나님께 예배드리는 것은 마음을 비우지 않고서는 안 된다. 세상의 여러 가지 생각과 욕망으로 마음을 가득 채운 상태로 온전하게 하나님께 예배를 드릴 수 없다.

빈 마음, 이것은 하나님께 나오는 사람들이 가져야 할 가장 기본적인 태도이리라. 하나님을 향하여 빈 마음으로 나아올 때 하나님께서는 우리 마음을 하늘의 행복과 기쁨으로 가득 채워 주실 것이 아니겠는가.

제단을 속이 비게 만들라는 하나님의 명령을 들으면서 다시금 우리의 교회와 제단을 생각해 본다. 우리의 마음과 제단은 비어 있는가?

### 울타리

두 번째로 성막 뜰은 모시 휘장으로 울타리를 둘러야 한다. 성전 뜰은 다른 곳과 구별되어야 한다. 성전이 세상의 모습과 같아서는 안 된다.

그것은 세상 안에 있는 것이기는 하지만 분명히 구별 되어져야 하는 곳이다. 교회는 세상 안에 있고 세상과 함께 살아가기는 하지만 분명하고도 구별되는 정체성을 보여 주어야 한다.

세상을 향하여 울타리를 두르는 것은 세상과의 결별을 의미하는 것이 아니다. 세상과 구별되어서 세상을 향하여 인도자의 역할을 해야 하는 것을 의미한다. 세상에 살면서도 세상에 물들지 않고 오히려 세상을 향하여 깃발의 역할을 할 수 있는 교회를 만들어 가야 한다.

## 등불 관리

세 번째로 등불 관리에 대한 명령이 나온다. 성막 안에는 항시 등불이 켜져 있어야 한다. 등불은 하나님의 영의 임재를 의미하고 있다. 등불의 기름은 올리브에서 짜낸 깨끗한 것을 사용해야 하고 불순물이 있어서는 안 된다.

성막의 의미는 성막 자체에 있는 것이 아니다. 성막은 하나님의 임재가 있을 때에만 그 의미를 갖게 된다. 건축물 자체가 하나님이 아님을 우리는 분명히 해야 한다.

## 등불이 꺼진 성막

성막 내에 등불이 꺼지면 그 순간부터 성막은 더 이상 성막이 아니다. 그것은 단순한 천막일 뿐이다. 오늘 우리 교회는 화려한 외양을 자랑하고 있다. 세계 최대 규모의 교회를 지으려 하고 있다. 최첨단의 기술을 도입하여 최고의 시설을 갖춘 것을 자랑하기도 한다. 사람들은 그렇게 화려하고 편리하게 지어진 교회를 선호하기도 한다.

그러나 그러한 외양적인 것보다 우선인 건 교회 내에서 성령의 등불을 항상 켜 놓고 있느냐 하는 문제가 아니겠는가. 오늘 우리 교회는 어떤 교회인가? 오늘도 주님은 이렇게 말씀하신다. "저녁부터 아침까지 주 앞에서 꺼지지 않도록 보살펴야 한다." 화려한 외양 이전에 주의 등불이 항상 켜 있는 교회를 꿈꾼다.

### oratio

주님, 성령의 빛을 저희에게 비춰주셔서 날마다 주님의 빛을 가슴에 품고 이 세상을 살아가게 하소서.

### contemplatio

등불

### actio

내가 비워야 할 부분이 무엇인가를 생각해 보자. 내가 어떤 빛을 이 세상에 비출 것인가를 생각해 보고 그 빛을 비추는 하루를 살아보자(용서, 사랑, 화해, 평화, 위로, 동행 등).

# 28

## 제사장과 옷

**Lectio**

본 문: 출애굽기 28장 1절부터 43절까지
찬 송: 549장(내 주여 뜻대로)

**Meditatio**

### 제사장은 누구인가?

성막과 성막 내의 제단을 비롯한 제단용 물건에 대한 설명 뒤에 곧 실질적으로 하나님께 대한 예배를 주도할 제사장에 대한 설명이 계속되고 있다. 제사장에 대하여 언급하면서 성서는 무엇보다도 제사장의 의복에 관하여 설명을 하고 있다.

### 제사장의 옷

옷! 그것은 한 사람의 인격을 의미하는 것이다. 의복은 한 사람의 살아가는 모습이 무엇인가를 대변하는 것이다. 어떤 옷을 입느냐에 따라서 한 사람의 삶의 태도가 뒤바뀌게 될 수도 있다.

옷은 한 사람 자체를 의미하고 있다. 그런 뜻에서 성서가 제사장의 옷에 대해 설명하는 건 그의 삶이 어떠해야 하는지를 말하고자 함이다.

## 거룩한 옷

먼저, 제사장의 옷은 거룩한 옷이어야 한다. 하나님은 말씀 하신다. "너는 너의 형 아론이 입을 영화롭고 아름답게 보이는 거룩한 예복을 만들어라." 제사장은 거룩한 삶을 살아야 한다. 거룩한 삶은 다른 사람과 분별되는 것을 의미한다.

세상 사람들과 함께 살아가기는 하지만, 그들과는 분명히 다른 삶을 보여 주는 것이다. 누가 보더라도 같은 것 같으면서도 분명히 차별되는 삶을 말한다.

제사장은 이스라엘 백성들의 지도자로 살아가는 사람이다. 지도자로서 백성들과 함께 삶을 나누며 살아가기는 하지만 그들보다 여러 가지 면에서 뛰어난 삶을 살지 않고서는 지도자로서의 삶을 살아갈 수 없다.

## 믿는 이들과 제사장의 삶

믿는 이들은 세상을 향한 제사장으로 살아가고 있다. 만일 우리가 제사장으로서 거룩한 옷을 입지 않고 세상 사람들과 차이 없는 옷을 입고 살아가고 있다면 우리는 삶의 존재 근거를 잃어버리고 살아가는 것이다.

오늘 우리는 어떤 옷을 입고 살아가고 있는 것일까. 날마다 거룩한 예수님의 옷으로 갈아입고 살아가자. 그래서 세상을 향해 제사장의 삶을 살아가자.

## 열두 지파의 이름

두 번째로 제사장은 두 보석 위에 열두 지파의 이름을 기록하고 그것을 양 어깨에 짊어지고 다녀야 한다. 제사장의 중요한 역할 중의 하나는 백성들을 대신해서 하나님께 중보하는 것이다. 하나님은 제사장의 중보의 역할을 보고 그의 백성을 용서하시고 그들에게 복을 내려 주신다.

제사장은 하나님과 인간 사이에서 이렇듯 중재자 역할을 하고 있다. 그는 양 어깨에 모든 백성들의 이름을 짊어지고 다닌다. 그의 어깨엔 백성들의 운명이 매달려 있다. 제사장이 자신의 역할을 제대로 수행하느냐 혹은 그렇지 않느냐에 따라서 백성들의 미래의 운명이 좌우되는 것이다.

## 믿는 이들과 중보의 삶

믿는 이들의 삶은 이처럼 그들이 살아가고 있는 사회의 운명을 책임지고 있는 중요한 삶이다. 함부로 살아서는 안 된다. 우리 삶의 모습이 어떠한가에 따라서 사회의 미래가 결정되고 있음을 깊이 생각하자.

교회가 함부로 해서는 안 된다. 교회는 사회를 향한 책임을 다해야 한다. 사회적인 책임을 가볍게 여기지 말고 이 사회의 운명을 책임지는 행동을 보이면서 살아가야 하겠다. 우리 믿는 이들의 양 어깨에는 이 사회의 미래가 얹혀 있다.

## 가슴걸이

마지막으로 제사장은 가슴에 가슴걸이를 하고 다녀야 한다. 그 가슴걸이는 판결 가슴 받이라고 불리는 것인데 백성들의 송사를 해결하는 역할을 의미하고 있다. 그런데 이 가슴 받이에는 우림과 둠밈을 넣어 두어야 한다.

우림은 '빛', 둠밈은 '온전함'이라는 의미다. 재판을 하는 제사장이 명심해야 할 것은 두 가지 기준이다. 빛과 온전함이다. 빛은 정의로운 삶을 의미할 것이다. 투명한 삶을 의미한다. 판결을 하는 사람이 빛의 삶을 살지 않고서 어찌 다른 사람의 삶에 대하여 판단할 수 있을까?

믿는 이들은 빛의 삶을 살아야 한다. 투명하지 않으면 안 된다. 오늘 우리 교회의 삶은 어떠한가? 과연 세상 사람들을 향하여 정직하고 투명한 삶이라고 자신 있게 말할 수 있는가? 빛 가운데 살지 않으면서 다른 사람들의 어두운 삶에 대하여 뭐라 말할 수 있겠는가?

## 사랑과 자비의 온전함

온전함은 재판관으로서 제사장이 가져야 할 중요한 덕목이다. 하나님이 온전하신 것처럼 우리도 온전해야 한다. 하나님의 온전함은 사랑과 자비의 온전함이다. 달리 말하면

자비를 베푸는 데에 있어서 뛰어남이 있어야 한다. 자비의 마음 없이 하는 재판은 오히려 삶을 파괴시킬 수 있음을 기억해야 한다.

재판의 목적이 삶을 온전하게 회복시키는 것임을 감안하여 볼 때 제사장에게 요구되는 덕목에서 자비가 강조됨은 우연이 아니다. 오직 사랑과 자비만이 죄인을 회개하게 만들고 용서 받음으로써 온전하게 회복되도록 할 수 있다.

믿는 이들의 가슴이 정의와 자비의 우림과 둠밈으로 뒤덮여 있을 때 믿는 이들로 인하여 이 세상은 구원의 기쁨을 맛 볼 수 있으리라. 오늘 우리의 가슴은 무엇으로 채워져 있는 것일까?

**oratio**

주님, 외형적인 화려함의 옷을 벗고 진리의 내면의 옷을 입어 하나님의 영광을 드러내겠습니다. 우리와 함께 하소서.

**contemplatio**

거룩한 제사장의 옷

**actio**

오늘 내가 입고 있는 삶의 옷이 어떤 옷인가를 살펴보자. 그리고 그 옷을 벗고 새 옷으로 갈아입자. 나는 오늘 어떤 옷을 입고 있는 가를 구체적으로 지적하고 내가 갈아 입어야 할 옷의 이름을 구체적으로 말해보자.

# 제사장 위임에 대하여

**Lectio**

본 문: 출애굽기 29장 1절부터 46절까지
찬 송: 357장(주 믿는 사람 일어나)

**Meditatio**

### 위임식

제사장의 옷에 대한 기록이 끝나고 곧 제사장의 위임식에 대한 설명이 계속된다. 하나님은 제사장을 선택하신 후에 그에게 일정한 예식을 통하여 그 임무를 시작하도록 하신다.

오늘 교회도 이러한 구약의 전통을 이어받아서 일정한 예식을 행한 후 목사 등의 목회자들이 교회 내에서의 임무를 수행하도록 하고 있다.

### 예식을 거치다

일정한 예식을 거치게 하는 것은 성서적으로 매우 중요한 의미가 있다. 교역의 길에 나서는 것은 무엇보다도 먼저 하나님의 선택과 부르심에 의한 것임을 강조하고 있다. 자기가 원한다고 해서 교역의 길에 나서는 것이 아니다.

부르심은 무엇보다도 하나님의 부르심으로부터 시작된다. 내 자신의 소원이 아닌 하나님의 뜻에서 출발하는 것임을 분명히 해야 한다. 그 후에 이 부르심에 대한 공적인 확인이 요구된다.

오늘 성서에 기록된 위임식은 이 같은 공적인 확인 절차라고 해석할 수 있을 것이다. 엄정한 검증절차를 거쳐서 공동체는 한 교역자에 대한 예식을 통하여 한 사람의 제사장으로 세우는 것이다.

그러므로 이러한 공적인 절차는 매우 중요하다. 오늘의 기록을 보면서 한 제사장이 위임을 받고 그 직무를 공식적으로 수행하는 데 있어서 지적되어야 할 중요한 사역의 원리를 살펴보자.

흠 없음

흠이 없는 동물과 누룩이 없는 빵을 준비해서 하나님께 바쳐야 한다. 제사장으로 위임 받기 위해서는 무엇보다도 하나님에 대한 헌신이 중요하다. 흠이 없고 누룩 없는 마음으로 하나님께 드리는 절차가 필요하다.

흠 없고 누룩 없는 것을 반드시 도덕적으로 완벽한 것으로 이해할 필요는 없을 것이다. 그것은 도덕적이고 윤리적인 완벽함보다는 마음의 순수함과 단순함을 의미한다.

하나님의 일을 하는 사람들에게 요구되는 것은 무엇보다도 순전한 마음이다. 흠이 없는 마음이다. 하나님의 일을 하고자 하는 사람들에게 요구되는 것은 단순한 마음이다. 빵을 부풀리게 만드는 누룩 없이 있는 모습 그대로 하나님께 바치는 깨끗한 마음이다.

하나님이 원하시는 것은 화려함이 아니다. 꾸밈이 아니다. 하나님이 원하시는 것은 있는 그대로의 우리의 모습이다. 이 모습 이대로 하나님께 나아갈 때 하나님은 우리를 그분의 뜻에 합당한 모습으로 변화시켜 주신다.

### 청결함과 결단

위임식 전에 그들은 깨끗이 목욕을 해야 한다. 당시 근동 지방에서의 목욕은 간단한 일이 아니다. 물이 절대적으로 부족한 지역에서 목욕을 한다는 것은 청결함을 넘어서서 상당한 희생을 필요로 하는 일이다. 청결의 의미를 넘어서서 큰 결단을 의미한다.

### 하나님의 일을 한다는 것

하나님의 일을 한다는 것, 하나님의 자녀로 살아간다는 것은 인생의 결단을 의미하는 것이다. 물이 없는 곳에서 그 환경을 극복하여 목욕하는 결단을 하듯이 정의가 사라지고 부족한 이 사회에서 하나님의 사람으로 살아가려고 하는 건

결단을 필요로 한다.

하나님의 사람으로 살아간다고 하는 것은 단순한 생각이 아니다. 쇼핑에서 물건을 사듯 간단하게 결정할 수 있는 단순한 일이 아니다. 우리의 희생과 단단한 결심을 요구하는 행위이다.

오늘 많은 사람이 하나님의 사람으로 살아가는 걸 너무 가볍게 생각하는 경향이 있음을 부인할 수 없을 것이다. 사막에서 목욕을 하겠다는 대단한 결단 없이 마치 물건을 사듯이 가벼운 마음으로 하나님의 사람이 되겠다는 결단을 하기도 한다.

오늘 진지하게 하나님의 사람으로 위임 받기를 원하는 사람들은 목욕을 해야 한다. 사막과 광야에서 목욕을 하겠다는 결단으로 하나님의 사람이 되겠다는 결심을 해야 한다. 그리고 그 삶을 진지하게 살아가야 할 것이다. 매일 매일의 삶에서 우리는 광야의 목욕의 결단을 할 수 있어야 한다.

## 제사 드림

번제 및 여러 가지 제사를 드림으로서 위임식을 가지게 된다. 제사장 위임식에서 중요한 절차는 드림이다. 완전하게 자신을 불살라서 하나님께 드려지는 행위가 요구된다. 드림이 없는 제사장 취임은 훌륭한 예식이 될 수는 있을지언정 진정한 의미에서의 위임식은 아니다.

하나님의 일을 하고자 하는 사람들에게 요구되는 것은 이처럼 하나님께 철저하게 자신을 드리는 행위이다. 드림의 행위 없이 하나님의 사람으로서 믿음을 지키면서 살아가지 못하게 된다. 하나님 앞에 드리는 우리의 삶은 아름다운 향기가 되어서 하나님의 나라에 바쳐 지게 된다.

우리의 믿음의 훌륭한 선배들은 이처럼 자신의 삶을 번제로 삼아 하나님께 드림으로서 하나님 앞에 아름다운 향기가 되었을 뿐만 아니라 많은 믿음의 후배들에게도 남겨지는 향기로 살아가고 있음을 기억하자.

### oratio

하나님, 우리로 삶의 더러운 것들을 비우고 오직 성령이 주시는 은사로 가득 채우셔서 우리 삶을 통하여 성령의 열매를 맺게 하소서.

### contemplatio

하나님의 사람으로 살아가는 것

### actio

하나님에게 하나님의 사람으로 살아가겠다는 결단을 담은 편지를 써 보자.

이렇게 예배 하여라

**Lectio**

본 문: 출애굽기 30장 1절부터 38절까지
찬 송: 430장(주와 같이 길 가는 것)

**Meditatio**

성막과 삶

출애굽기 30장은 성막 내부의 구조와 예배드리는 방법과
더불어 이스라엘 사람들이 성막과의 관계가 어떠해야 하는
가를 설명하고 있다.

분향단

먼저 분향단에 대한 내용이다. 분향단은 아카시아 나무로
만들어야 한다. 위치는 증거궤 앞, 다시 말하면 속죄판 앞 휘
장 정면에 있어야 한다. 그리고 그 앞에서 아침과 저녁에 각
각 향을 피워야 한다고 규정하고 있다.

죄를 회개

속죄판 앞에서 향을 피우는 것은 죄를 회개하는 것과 연

---

관이 있다. 종교적으로 향은 사람의 몸에서 불순물을 몰아내고 사람을 깨끗하게 하는 의미가 있다. 그래서 많은 종교 예식에서 향을 사용하는 것은 일반화되어 있다.

하나님을 만나고자 하는 사람, 하나님께 예배드리고자 하는 사람들은 반드시 자신의 삶을 정결하게 만들어야 한다. 정결한 삶의 의미는 도덕적으로 완벽한 사람을 의미하는 것이 아니다. 자신의 삶이 죄악으로 더럽혀진 것을 깨닫고 그것을 주님 앞에서 회개하는 사람들을 의미한다.

## 하나님을 예배하는 자의 자세

하나님께 예배하는 자가 가져야할 가장 기본적인 삶의 태도는 이 같은 통회하고 자복하며 회개하는 마음이다. 그래서 하나님은 성막예배를 지시하면서 속죄판에서 그들을 만나게 될 것이라고 말씀하고 계신다.

하나님은 어디에서 만날 수 있을까? 하나님은 향불을 피우면서 자신의 삶을 깨끗하게 하고 회개하는 속죄판 앞에서 만날 수 있는 분이다. 하나님은 자신의 삶이 완벽하다고 생각하고 회개할 것이 없다고 자만하는 사람들에게는 그 모습을 보이시지 않는다. 겸손히 자신의 삶을 회개하고 주 앞에 무릎을 꿇는 사람들에게 그 모습을 보이신다.

## 아침저녁으로 피워야 한다

향은 아침저녁으로 피워야 한다. 아침에 하루 일을 시작하면서 향을 피워 우리의 삶을 깨끗하게 살 준비를 한다. 그리고 저녁에 향을 피우면서 지나간 하루 일을 뒤돌아본다.

믿는 이들의 삶은 이처럼 회개로 시작하여 회개로 하루를 마감하는 겸손한 모습이 되어야 한다. 그러한 사람들은 매일 순간의 삶에서 하나님을 만나면서 살아가는 행복한 사람으로 살아갈 것이다.

## 놋 물두멍

성막 입구에는 놋으로 만든 물두멍이 있다. 이 물두멍은 아론과 그의 아들들이 성막에 들어갈 때 손과 발을 씻는 용도로 사용되어지는 것이다. 하나님은 아론을 비롯한 제사장들에게 성막에 들어갈 때 반드시 손과 발을 씻을 것을 명령하신다.

하나님 앞에 나아오는 자는 반드시 손과 발을 씻어야 함을 명시하고 있다. 비록 그들이 하나님으로부터 선택받아 하나님과 인간 사이를 중재하는 제사장의 역할을 맡았다고 하지만 그들 역시 인간의 성정을 가진 사람들이다. 그러므로 제사를 드릴 때마다 그들의 손과 발을 씻을 필요가 있다.

## 죄를 용서하시다

하나님은 우리의 죄를 용서해 주시고 우리를 모든 죄악으로부터 깨끗하게 해주셨다. 우리는 주님 안에서 의인이 되어서 살아간다. 그러나 이것이 우리가 죄로부터 완전한 자유를 얻었음을 의미하지는 않는다. 우리는 죄를 용서받고 의인으로 인정받았다고 하지만 죄인의 모습을 완전히 벗은 것은 아니다.

우리는 단지 용서받은 죄인, 하나님으로부터 의인이라고 인정받은 죄인으로 살아가는 것이다. 어느 누구도 자신은 완벽한 의인이라고 말할 수는 없다. 그러므로 우리도 매일의 삶 속에서 손과 발을 씻으면서 살아가야 한다.

## 손발을 씻음

예수님은 마지막 만찬 시에 제자들의 손과 발을 손수 씻겨 주시면서 우리로 하여금 살아가면서 손과 발을 씻는 것이 얼마나 중요한 것인가를 몸소 실천해 보이셨다. 오늘 우리는 이 세상에서 살아가면서 수많은 잘못과 죄를 범하면서 살아간다.

그러므로 비록 우리가 구원을 받았다고 하지만 매일의 삶 속에서 끊임없이 내 자신의 삶을 성찰해 보고 하나님 앞에 회개함으로써 손과 발을 씻는 것은 매우 중요한 일이다. 목욕을 한 사람이 온 몸을 씻을 필요는 없지만 손과 발은 씻어야 하는 것이 아니겠는가.

## 성막 세금

마지막으로 이스라엘 사람은 누구든지 성막 세금을 지불해야 한다. 이제 성막이 하나의 종교체제로 자리를 잡게 되었고 이에 따라 유지 비용이 필요하게 되었다. 모든 이스라엘 사람은 빈부의 차이에 상관없이 모두가 평등하게 기본적인 세금을 내도록 규정하고 있다.

하나님을 섬기고 그분께 나아오도록 교육하고 또 예배하는 믿음이 이스라엘 사람들의 삶을 중심에 자리잡고 있음을 보여주고 있는 제도이다. 어느 누구도 성전과 관련 없이(세금을 내지 않고) 살아갈 수는 없다.

하나님과의 관계에 있어서 의무와 책임에서 제외되는 사람은 한 사람도 없어야 한다. 마찬가지로 하나님의 은혜를 입는 데도 부자와 가난한 사람 사이에서 차별은 없다. 성막을 유지하는 기본적인 책임은 우리 모두에게 해당된다.

우리는 단지 성막의 마당만 밟고 가는 사람이 되어서는 안 된다. 성막 세금을 균등하게 내면서 서로가 서로에게 책임감 있는 교인들이 되어 살아가야 할 것이다.

## oratio

주님, 우리로 매일 손발을 씻게 하셔서 하나님 앞에서 정결한 모습을 간직하게 하소서. 날마다 새로워지게 하소서.

## contemplatio

향과 회개의 삶

**actio**

하나님을 예배하는 데 있어서 내 자신을 돌아보면서 향을 피워 정결케 하는 마음으로 회개의 편지 한 장을 써보자.

# 성막을 짓는 사람들

**Lectio**

본 문: 출애굽기 31장 1절부터 18절까지
찬 송: 323장(부름 받아 나선 이 몸)

**Meditatio**

마무리 단계

이제 성막 공사도 마무리 단계에 들어가고 있다. 성서는 성막 건축에 대한 자세한 설명 이후에 하나님의 계획에 따라서 이 공사를 감당할 사람들에 대하여 언급을 하고 있다. 결국 하나님의 계획을 실행에 옮기는 것은 사람이 아니겠는가.

하나님은 자신의 일을 초자연적인 사건을 통하여 이루시기도 하지만 사람을 통하여 이루시는 것을 선호하고 계신다. 그래서 하나님은 때에 따라서, 사역에 따라서 사람을 부르시고 선택하시고 세우셔서 자신의 일을 수행해 나가도록 하신다. 하나님은 어떤 방식으로 사람을 세우실까?

## 하나님의 선택

먼저, 하나님은 사람을 선택하셔서 그에게 자신의 영을 채워 주심으로 사역을 감당하게 하신다. 하나님의 임재를 경험하게 하고 하나님께 예배드리는 장소로 성막을 짓는 사람은 무엇보다도 하나님의 영으로 가득 채워져 있는 사람이어야 한다. 하나님의 영을 가진 사람만이 하나님의 마음을 읽을 수 있는 것이 아니겠는가?

하나님을 경배하고 그분께 예배드린다고 하는 것은 하나님의 마음을 아는 것과 직결됨을 기억해야 한다. 주님은 말씀하신다. "하나님은 영이시다. 그러므로 하나님께 예배를 드리는 사람은 영과 진리로 예배를 드려야 한다"(요 4:24).

하나님의 마음과 통하는 것. 하늘과 땅이 연결된 것. 바로 하나님의 영으로 가득 채움을 받는 것이다. 오늘 우리의 삶이 하나님의 영으로 가득 채워져 있을 때 비로소 하나님께 진정한 예배를 드릴 수 있을 것이다.

## 지혜와 총명을 주시는 하나님

두 번째로 성막을 짓는 사람에게는 하나님께서 직접 지혜와 총명과 지식과 온갖 기술을 갖추게 해 주신다. 하나님의 일을 하는 사람은 하나님의 방법으로 그 일을 수행해야 한다. 아무리 목적이 좋다고 하더라도 하나님의 마음에 들지 않는 방법을 사용해서는 안 된다.

그리고 그렇게 해서 인간의 눈에 좋은 결과가 나타난다고 하더라도 그것은 하나님과는 상관없는 인간의 일이 되고 말 것이다. 하나님의 일을 하고자 하는 사람은 방법에 있어서도 하나님의 편에 서 있어야 한다.

## 하나님의 방법과 때

하나님의 일을 하는 사람은 하나님의 방법과 하나님의 때에 자신의 모든 것을 맡기는 자세가 필요하다. 그러할 때 그 일은 진정한 의미에서 하나님께 영광이 되고 우리들에게는 한없는 은혜의 사역이 될 것이다.

하나님의 방법을 무시하고 효율성만 생각하여 인간의 욕망과 방법으로 일을 할 때 오히려 그 일은 우리 모두의 삶을 하나님의 나라로부터 멀어지게 만들어 갈 것이다.

## 동역자

세 번째로 하나님은 동역자를 보내 협력하여 하나님의 일을 하도록 하신다. 브살렐과 오홀리압은 함께 일하도록 부름을 받고 있다. 하나님의 나라는 함께 이루는 나라이다.

엘리트 중심의 나라가 아니다. 서로 함께 손을 잡고 협력하면서 서로 마디가 되어 한 몸을 이루면서 일하는 나라이다. 동역은 하나님을 예배하는 데 있어서 매우 중요한 동기가 되고 있음을 명심해야 한다.

## 안식일 제정

이제 성막에 대한 모든 설명은 다 끝났다. 여기서 우리의 흥미를 끄는 기록이 눈에 띈다. 성막 공사에 대한 설명이 끝난 후에 느닷없이 나타나는 안식일 제정에 대한 기록 그것이다.

반복되는 듯한 인상을 주는 이 기록에 주목할 수밖에 없다. 왜 성막 공사에 대한 기록 부분에 안식일 명령이 나타나고 있는 것일까? 바로 여기에 성서 기자의 놀라운 성찰이 있다.

광야에서 가나안 땅으로 진입하면서 이스라엘 민족은 점차 안정된 생활을 하게 된다. 성막 공사도 끝나고 이제 종교도 제법 그 형식과 제도 면에 있어서 점차 안정을 찾게 되었다. 성막이 그들의 삶의 중심으로 등장하고 있다. 제사를 전문으로 담당하는 제사장 계층도 발생하게 되었다.

이에 따라 이집트 탈출 사건과 광야의 삶에서 역동적인 모습으로 경험되던 하나님이 점차 종교의 틀 안에서 경험되어지고 있었다. 이런 시점에서 하나님은 안식일 계명을 상기시킴으로써 종교의 근본적인 모습이 무엇인가를 강조하고 있다.

## 본래의 모습을 잃어버릴 수도

자칫하면 본래의 모습을 잃어버리고 종교와 그 제도 자

체에 함몰되어 하나님을 예배하는 것의 근본정신을 망각할 수 있는 상황 속에서 하나님은 이들로 하여금 안식이라고 하는 가장 중요한 믿음의 정신을 잃어버리지 말 것을 명령하고 계신다.

하나님은 6일을 일하시고 마지막 날 쉬시면서 그 날을 거룩하게 만드셨다. 그러므로 아무리 종교가 제도화되더라도 그것이 사람들로부터 쉼을 빼앗아가는 것이 되어서는 안 된다.

하나님은 이스라엘 백성들을 이집트로부터 이끌어내시고 억압받는 노예 생활로부터 해방시키신 분이다. 제도화된 종교가 또 다시 이스라엘 백성들을 억압하는 도구가 되어서는 안 된다. 믿음의 근본정신인 쉼과 자유가 침해되어서는 안 된다.

하나님은 성막 공사를 마무리하면서 그들에게 이렇게 말씀하신다. "안식일을 영원한 언약으로 삼아 그들 대대로 지켜야 한다." 믿음의 근본정신을 잃어버리지 말아야 한다.

## oratio

하나님과 평화를 누리며 사는 것, 안식을 향한 우리의 삶이 되게 하소서. 주님의 평화안에서 살아가는 하루가 되게 하소서.

### contemplatio

하나님의 사람

### actio

하나님의 사람으로 살아가는 것에 대하여 생각해 보자. 특별히 하나님의 때와 인간의 때를 생각해 보자. 이에 대한 최근의 경험을 이웃과 나누어보자.

# 이것을 불에 넣었더니

**Lectio**

본 문: 출애굽기 32장 1절부터 35절까지
찬 송: 430장(주와 같이 길 가는 것)

**Meditatio**

시내 산에 올라간 모세

모세가 하나님의 부르심을 입고 시내 산에 올라간 지 꽤 많은 시간이 흘렀다.  40일 이상이 지났다. 모세가 산에 머무는 동안 백성들은 산 아래에서 모새가 하산할 날을 기다리면서 지내고 있었다.

시간은 백성들의 마음을 혼란스럽게 만들고 있었다. 그들은 아직 하나님과의 관계가 완벽하게 정립된 사람들이 아니었다. 아직 그들은 지도자 의존적인 사람들이었다.

지도자가 없는 이스라엘 백성들은 점차 마음의 안정을 잃게 되었고 급기야는 아론을 종용하여 무엇인가 마음을 안정시켜 줄 것을 요구하기 시작하였다. 아론은 백성들의 요구에 못 이겨서 그들에게서 금을 모아 금송아지를 만들기에 이른다.

## 사람들의 혼란

사람들은 모세가 오랫동안 산에서 내려오지 않자 소란해지기 시작했다. 그들은 한시도 어떤 사람을 의지하지 않고서는 살아갈 수 없는 노예 의식에서 벗어나지 못한 사람들이었다.

노예 의식! 이것은 우리로 하여금 당당한 한 인격체의 사람으로서 살아가지 못하게 만든다. 삶에서 뿐만 아니라 신앙생활에서도 노예 의식은 우리로 하여금 주체적인 신앙을 갖지 못하도록 하고 늘 다른 어떤 것을 의존하도록 만든다. 그로 말미암아 신앙에서도 하나님만을 의지하지 못하고 다른 어떤 것을 의지하도록 만든다.

노예 의식은 우리로 하여금 의존적인 신앙을 갖게 만들어서 우리와 직접 생활하면서 우리의 삶을 인도하시고자 하는 하나님과의 깊은 관계를 갖지 못하도록 방해한다. 그 어떤 다른 것을 의지하지 않고 오직 주님만을 바라보며 살아가는 주체적인 신앙인으로 거듭나야 한다.

## 금송아지

금송아지! 그것은 어리석은 인간들의 욕망을 대변하고 있다. 하나님을 욕망 실현의 도구로 간주하는 우리들의 욕구를 대변하고 있다. 그것은 종교를 심리적 안정을 도모하게 하는 하나의 수단으로 간주하는 우리의 마음을 대변하고 있다.

사람들은 금송아지를 만들어 놓고 절을 하면서 안정을 원한다. 그들은 그것을 통하여 "내일 주님의 절기를 지킵시다"라고 하면서 마치 그것이 진정한 예배인 양 착각하고 있다.

오늘 우리는 얼마나 많은 경우 참된 신, 하나님을 경배하지 않고 자기 나름대로 금송아지를 만들어 놓고 그것을 경배하고 있는가?

우리는 우리들 마음속에 자리 잡고 있는 금송아지, 우리를 만족시켜 주고, 우리의 소원을 들어주고, 마음을 안정시켜 주되, 우리가 하고자 하는 일, 그 일이 어떤 것이든지, 방해하지 않는 금송아지를 만들고자 하는 사람들임을 깨닫고 늘 하나님 앞에서 우리의 삶을 돌아보아야 한다. 나도 모르는 사이에 금송아지를 섬기고 있는 것은 아닌지 살펴보아야 한다.

### 어디서 온 것인가?

금송아지! 그것은 어디서 나온 것인가? 아론의 말에 주위를 기울여보자. "내가 그것을 불에 넣었더니 이 수송아지가 생겨난 것입니다"(24절).

그렇다! 금송아지는 바로 우리 마음 한 가운데 있었다. 우리 마음이 그것을 만들어 내고 있다. 헛된 생각, 끝없는 욕망, 우리의 죄성이 금송아지를 늘 생산해 내고 있는 것이 아니겠는가.

마음의 변화를 받지 않고서는 우리는 하나님을 믿는다고 하면서도 끝없이, 기회만 생기면 마음 깊은 곳으로부터 금송아지를 만들어 그것을 섬기고자 한다. 마음의 할례를 받아야 한다. 마음 깊은 곳에 있는 금송아지에 대한 욕망을 잘라내야 한다. 그것은 오직 성령 충만의 사건으로만 가능한 일이다.

### 하나님의 분노

백성들의 배반을 본 하나님은 무섭게 노하셨다. 그는 백성들에게 화를 내시면서 벌을 내리려고 하신다. 바로 그 때 모세가 중재의 역할을 감당하고 있다. 그는 하나님에게 간절히 간구한다.

하나님을 향한 모세의 간구는 32장에 두 번에 걸쳐서 기록되어 있는데 두 번째 기록은 "차라리 나의 이름을 책에서 지워주십시오"라고 하는 모세의 절박한 심정을 보여주고 있다. 모세의 간절한 중재로 인해서 하나님은 뜻을 돌이키신다.

### 의인 한 사람의 존재

의인 한 사람의 존재는 온 공동체를 구원하는 놀라운 능력을 가지고 있다. 의인이 없는 사회는 현재 아무리 번영하고 있다고 하더라도 그것은 모래 위에 세운 누각과 같은 것이다. 언제 무너질지 아무도 모른다.

그러나 의인의 존재는 한 공동체가 든든히 그 명맥을 유지하고 살아가도록 하는 데 절대적인 요인이 되고 있다. 오늘 우리가 살고 있는 사회에 의인이 있는가? 우리는 늘 성공한 사람에게만 눈을 돌린다.

그러나 진정으로 우리 사회와 공동체를 다시금 살려주는 힘은 성공한 사람이 아니라 의인에게서 오는 것임을 보아야 한다. 그리고 우리 사이에 존재하는 의인―그 모습이 성공적으로 비쳐지지 않을 지라도 그리고 화려한 외양을 갖추고 있지 못하고 있더라도―을 발견하는 눈과 그를 귀중히 여길 수 있는 마음을 가져야 한다.

## 뜻을 돌이키시는 하나님

하나님은 뜻을 돌이키시는 분이다. 하나님은 그의 뜻에 있어서 변화가 없으신 분이 아니다. 그는 사랑을 위해서 그리고 인간의 구원을 위해서는 그의 뜻을 돌이키시는 분이다.

그렇기에 우리는 하나님을 완전하신 분이라고 말할 수 있다. 사랑 베풀기에 있어서 완벽함을 보이시는 하나님, 사랑의 대가 하나님! 그분이 우리의 하나님이시라는 것은 얼마나 행복한 일인가.

사랑과 구원을 위하여 뜻을 돌이키시는 하나님처럼 우리 삶과 행위도 사랑과 구원의 동기에 의해서 움직여져야 할 것이다.

### oratio

우리의 삶에서 금송아지를 몰아내고 온전히 진정한 신이신 하나님만을 경배하고 그분만이 우리 삶의 근본적인 결정을 내리도록 하소서.

### contemplatio

마음의 금송아지

### actio

나로 하여금 온 정성을 다해 하나님을 섬기지 못하게 만드는 것이 있다고 한다면 무엇일까요?

나의 등을 보게 될 것이다

**Lectio**
본 문: 출애굽기 33장 1절부터 23절까지
찬 송: 357장(주 믿는 사람 일어나)

**Meditatio**

### 하나님과 인간

출애굽기 33장은 3가지의 서로 다른 맥락의 이야기가 기록되어 있다. 전의 기록과 동 떨어진 느낌을 주는 기록이기도 하지만 출애굽기의 저자는 여기서 다시 한번 이스라엘 백성들에게 하나님과 인간의 관계가 어떠해야 하는지 상기시키고 있다.

### 우리의 절망

하나님이 이스라엘 백성들을 인도하는 방법이 어떠한 것이며 또 사람들은 어떻게 하나님에게 반응해야 하는지 설명하고 있다. 금송아지 사건을 읽으면서 사람들은 절망하였을 것이다. 자신들의 배반행위와 어처구니없는 행동들을 보면서 우리는 절망하지 않을 수 없다. 이제는 더 이상 희망이 없는 것 같이 생각할지도 모른다.

그러나 이스라엘 사람들은 출애굽기 33장을 읽으면서 다시 한번 하나님과의 약속을 갱신하고 또 다시 일어나서 하나님과 함께 인생의 여정을 시작할 것을 다짐하게 될 것이다. 여기에 기록되어 있는 사건들을 살펴보자.

### 시내 산을 떠나라

첫 번째 기록은 하나님이 모세에게 시내 산을 떠나라는 명령에 대하여 말하고 있다. 시내 산은 이스라엘 사람들에게 많은 의미가 있는 산이다. 이 산은 하나님의 임재와 하나님과 이스라엘 백성들과의 만남을 의미하는 산이다. 이 산은 하나님과 이스라엘 백성들 사이에 언약이 체결된 산이다. 어쩌면 시내 산은 그들에게 안정과 안주를 의미할지도 모른다.

그런데 하나님께서 모세에게 그 산을 떠날 것을 명령하신다. 안주하는 삶을 떠나 하나님이 지시한 젖과 꿀이 흐르는 가나안 땅을 향하여 다시 출발할 것을 명령하고 계신다.

우리는 늘 '여기가 좋다'라는 안주 의식과 붙박이 의식에 영향을 받고 살아간다. 우리는 하나님 나라를 향한 여행을 중단하고 그냥 여기에 머물기를 바라고 있는지도 모른다. 우리에게는 미래가 불확실한 하나님 나라를 향한 여행이 부담스러울지도 모른다. 차라리 시내산 기슭에서 조금은 불편하기는 하지만 나름대로 안정된 생활하기를 원할지도 모른다.

바로 그때 하나님께서는 모세에게 떠날 것을 명령하고 계신다. 오늘 우리는 떠나야 한다. 하나님 나라를 향한 여행을 중단할 수는 없다. 여기서 그만 둘 수는 없다. 앞으로 일이 어떻게 전개될지 보이는 것은 없지만 믿음의 눈으로 그것을 바라보며 앞을 향하여 나아가야 한다.

### 회막의 존재

두 번째 기록은 회막에 관한 기록이다. 길을 떠난 모세는 백성들과 함께 이동해 나갔다. 그들은 유목민들이었다. 이곳저곳을 떠돌아다니면서 살아가고 있었다. 모세는 백성들이 진을 칠 때마다 백성들과는 조금 거리를 둔 곳에 장막을 쳤다.

그곳을 '회막'이라고 이름붙이고 하나님과 만나곤 하였다. 백성들을 이끌고 가나안 땅을 향한 행군에 나선 지도자 모세, 그에게는 늘 하나님과의 만남이 필요했다.

늘 그의 주위에는 사람이 들끓곤 하였다. 늘 소란함이 있다. 그러한 가운데서 그는 지도자로서 새로운 힘을 얻을 필요가 있었다. 그 힘은 오직 백성들과 떨어져서 조용한 가운데서 만나는 하나님으로부터 오는 것이었다.

## 소요로부터 떠나감

우리에게도 사람들로부터 떨어져서 하나님을 만나는 시간과 장소가 필요하다. 현대 문명의 소란함 가운데 우리의 영은 어느덧 지쳐가고 있다. 하나님 나라를 향하는 여행길에서 몸과 마음이 지쳐간다.

그러할 때 하나님으로부터 오는 새로운 힘을 받기 위하여 가끔은 고독한 삶이 필요하다. 소란함으로부터 멀리 떨어져서 혼자만의 시간과 또 그 시간을 통하여 만나는 하나님으로부터 공급받는 힘이 필요하다.

## 하나님과 만나는 모세

모세와 하나님의 만남은 깊은 만남이다. 피상적인 만남이 아니다. 오늘의 성서는 그 모습을 다음과 같이 표현하고 있다. "주님께서는 마치 사람이 자기 친구에게 말하듯이 모세와 얼굴을 마주하고 말씀하셨다."

하나님은 우리에게 친구가 되시는 분, 우리와 얼굴을 마주하고 말씀하시는 친근하신 분이다. 매일의 삶 속에서 하나님과 교제하는 깊이가 깊어져 가면 얼마나 좋을까.

## 등을 보이시는 하나님

세 번째 기록은 하나님이 자신의 얼굴을 보이시지 않고 등만 보이신다는 말씀이다. 하나님은 백성들과 함께 하시겠다는 약속을 하신다. 그들의 삶 한 가운데서 동행하시면서 손수 백성들을 이끌어 안전하게 하겠다고 약속하신다.

그러나 하나님은 이제 그들에게 얼굴을 보여 주지 않으시고 등을 보여 주신다. "네가 나의 등을 보게 될 것이다. 그러나 나의 얼굴은 볼 수 없을 것이다." 등을 보는 것! 우리는 앞모습만 보는 것에 익숙해 있다. 앞모습을 보면서 상대방의 생각을 짐작하기도 한다. 그러나 앞모습보다 더 중요한 것은 뒷모습이 아닐까?

### 뒷모습

뒷모습은 그가 말하지 않은 것까지도 말하고 있다. 뒷모습에는 차마 얼굴을 보면서 말하지 못했던 그 사람의 고독과 아픔이 있다.

우리에게 뒷모습을 보이시는 하나님. 우리는 그 뒷모습에서 죄인인 인간을 향하여 차마 벌을 내리지 못하고 돌이키시는 하나님의 사랑을 보아야 한다. 그 뒷모습에서 죄인인 인간으로 인하여 가슴 아파하시는 하나님의 아픔과 슬픔, 고독을 볼 수 있어야 한다.

믿음은 하나님의 뒷모습을 보면서 아들을 주시기까지 우리를 사랑한 하나님의 외로움을 보는 것이다. 하나님의 뒷모습은 다시 하나님은 진정한 사랑의 근본임을 깨닫게 한다.

### oratio

주의 뒷모습은 진정 우리를 향한 하나님의 사랑의 극적인 표현임을 보면서 오늘 다시 하나님께 감사를 드립니다. 주여 우리를 불쌍히 여기소서.

### contemplatio

하나님의 뒷모습

### actio

우리를 용서하시기 위하여 우리의 죄를 보지 않기 위해서 뒷모습을 보이시는 하나님을 생각하면서 우리도 우리 이웃의 죄를 보지 않기 위하여, 용서하기 위하여 뒷모습을 보이자.

제**6**부

성막 공사를 시작하다

새 돌판

Lectio

본 문: 출애굽기 34장 1절부터 35절까지
찬 송: 268장(죄에서 자유를 얻게 함은)

Meditatio

새 돌판

출애굽기 32장의 기록을 통하여 모세가 하나님으로부터 받은 돌판 두 개를 깨뜨린 사건을 경험하였다. 주님은 깨진 돌판 대신에 새로운 돌판을 깎으라는 명령을 모세에게 내리신다.

이스라엘 백성들은 모세가 산에 올라가 있는 동안 금송아지를 만들어서 경배하는 등 하나님을 배반하는 행동을 서슴지 않았다. 그로 인하여 하나님과 백성들 사이의 관계가 크게 손상을 당했던 것이다. 모세가 내던져서 깨뜨린 두 개의 돌판은 이러한 하나님과의 깨어진 관계를 상징적으로 보여 주고 있다.

우리는 우리의 잘못된 행동으로 인하여 하나님과의 관계

가 파괴된 채 살아가고 있다. 죄는 하나님과의 관계를 파괴시키며 우리의 삶을 파멸로 몰아간다. 이 상황에서 구원은 어디서 오는 것일까?

## 하나님의 시도

하나님은 모세에게 새로운 돌판을 깎으라는 명령을 통하여 하나님과의 깨어진 관계의 복원은 인간의 시도가 아닌 하나님의 시도로부터 시작되고 있음을 보여주고 있다. 하나님은 인간을 구원하기 위하여 인간의 시도를 기다리지 않으신다.

그분은 인간을 사랑하기 위한 것이라면 인간보다 먼저 자신의 행동을 시작하는 분이다. 오늘 우리가 구원의 확신과 하나님 나라를 향한 희망을 간직할 수 있다는 것은 하나님이 구원을 위하여 먼저 행동하시기 때문이다.

## 포기하지 않는 사랑

구원과 사랑의 동기에 있어서 하나님은 그의 주도권을 절대 포기하지 않으신다. 우리는 날마다 죄와 배반의 행위를 통하여 하나님과의 계약의 돌판을 깨뜨리고 있다. 그러나 우리를 향한 하나님의 포기하지 않는 사랑이 있기에 오늘도 많은 죄악과 실패에도 불구하고 또 다시 새로운 돌판을 깎을 수 있는 기회가 주어지는 것이다.

하나님의 끝없는 사랑을 기억하자. 새로운 돌판을 깎으라는 명령을 보면서 우리도 이웃과의 관계에서 하나님의 모습을 재현해야 하지 않겠는가. 비록 첫 돌판이 깨졌다고 하더라도 새로운 돌판을 깎는 시도를 해야 한다.

상대방의 시도를 기다리기 전에 우리가 먼저 상대방을 향하여 새로운 돌판을 깎는 행동을 보여야 하는 것이다. 하나님이 나를 먼저 사랑하셨다는 것을 믿고 확신한다면 그 일을 하는 것에 주저함이 없어야 할 것이 아니겠는가.

### 거룩한 이름

하나님의 사랑은 하나님께서 자신의 '거룩한 이름 주'를 선포하시는 기록에서 더욱 두드러지고 있다. "주, 나 주는 자비롭고 은혜로우며 노하기를 더디 하고, 한결같은 사랑과 진실이 풍성한 하나님이다. 수 천대에 이르기까지 한결같은 사랑을 베풀며 악과 허물과 죄를 용서하는 하나님이다. (중략) 그러나 나는 죄를 벌하지 않은 채 그냥 넘기지는 아니한다. 아버지가 죄를 지으면 본인에게 뿐만 아니라 삼사 대 자손에게까지 벌을 내린다."

결국 이 기록에서 강조되고 있는 것은 저주의 하나님이 아니라 사랑과 은혜, 자비의 하나님이다. 그의 이름이 거룩한 것은 하나님이 자비와 사랑과 은혜의 신이기 때문인 것이다. 하나님에게 저주를 넘어서는 사랑, 은혜와 자비가 있기에 그는 고대 근동에 널려 있던 잡신과 이방신들로부터 구별되는(거룩한) 하나님이 되신 것이다.

## 모세의 얼굴의 빛

출애굽기 34장은 모세가 새로 만든 두 돌판을 가지고 산에서 내려올 때의 장면을 기록하고 있다. 산에서 내려오는 모세의 얼굴에서는 빛이 났다. 이 장면을 통하여 우리는 진정한 그리스도인들의 힘이 어디서 나오는지 볼 수 있을 것이다.

먼저, 모세 얼굴의 광채는 그가 하나님을 만났기 때문이라고 성서는 기록하고 있다. 하나님과의 만남이 그로 하여금 새로운 존재가 되게 하고 있다. 단순히 산에 올라갔던 것만으로 그런 것이 아니다.

산으로 올라간 신비스러운 경험이 그로 하여금 얼굴에서 빛이 나는 전혀 새로운 차원의 삶을 살게 한 것이 아니다. 그가 하나님을 만났기 때문이다. 우리에게 필요한 것은 신비스럽고 경이로운 종교현상적인 경험이 아니다. 하나님과의 진실 된 만남, 진리와의 만남이 필요하다. 오직 진리와 하나님과의 만남만이 우리로 하여금 새로운 삶을 살아가게 만들 것이다.

## 알지 못하는 모세

두 번째로 사람들은 그의 얼굴의 빛을 보았으나 정작 본인은 그것을 전혀 알지 못하고 있었다. 성령으로 거듭난 사람들의 삶의 모습이다. 바람처럼 살아가는 것, 자신은 전혀 의도하지 않았는데도 사람들은 그로부터 영향을 받고 살아가는 것이다. 내가 변화 받았노라고 외칠 이유가 없다.

자신이 변화되었다는 것을 의식하지 않은 채 변화된 삶을 살아가는 것이야 말로 진정한 변화의 삶이 아니겠는가. 자신도 의식하지 못하는 변화의 삶은 성령의 충만에서 오는 삶이다. 내가 의식하지 못하더라도 다른 사람들이 나의 삶으로부터 비쳐 나오는 성령의 빛을 보게 될 것이다.

## 두려움을 주는 모세

마지막으로 사람들은 모세에게 가까이 가기를 두려워하였다. 하나님의 사람은 자신이 의도하지 않지만 어두움의 사람들에게 두려움을 준다. 사람들은 그를 미워할 수는 있지만 그를 가볍게 혹은 우습게 보지는 못한다.

오늘 세상 사람들이 그리스도인과 교회를 어떤 태도로 대하고 있는 것일까? 진실된 그리스도인들은 세상 사람들로 하여금 가까이 가기를 두려워하도록 해야 한다. 적으로부터도 존경을 받는 삶이야말로 신실한 믿는 이들이 추구해야 할 모습이 아니겠는가.

### oratio

하나님, 나에게 용서와 평화와 사랑의 얼굴의 광채를 낼 수 있는 힘을 더하여 주소서.

`contemplatio`

빛이 나는 얼굴

`actio`

오늘 나의 얼굴을 거울로 들여다 보자. 그리고 나의 얼굴
이 어두운 얼굴인지 하나님의 사랑의 광채가 나는 얼굴인가
를 살펴보자. 어둡다고 한다면 왜 어두운지 회개하고 주님
으로부터 광채를 받아보자. 그리고 광채나는 얼굴로 오늘
하루를 살자.

## 각자의 소유 가운데서

| Lectio |

본 문: 출애굽기 35장 1절부터 35절까지
찬 송: 510장(하나님의 진리 등대)

| Meditatio |

### 성막 건축

성막을 건축하는 것에 대한 설명이 나온다. 31장에서 성막 건축에 대한 모든 설명이 끝난 후에 안식일 규례에 대한 강조와는 달리 35장에서는 성막 건축을 본격적으로 시작하기 전인 서두에 안식일 규례가 기록되어 있는 것을 볼 수 있다.

이러한 기록을 통하여 우리는 이스라엘 백성들 가운데서 하나님 여호와에 대한 신앙의 핵심이 안식일, 다시 말하자면 샬롬의 성취에 있음을 볼 수 있을 것이다. 하나님이 원하시는 것은 하나님과 인간 사이의 샬롬, 평화와 안식이 아니겠는가.

샬롬

하나님이 원하는 것은 창조세계와 인간과 하나님의 관계가 샬롬, 평화, 안식에 기초를 두는 것이다.

바울은 이러한 샬롬과 안식일의 관점에서 예수 그리스도의 사역을 다음과 같이 이해하였던 것이다.

"그리스도는 우리의 평화이십니다. 그리스도께서는 유대사람과 이방 사람이 양쪽으로 갈라져 있는 것을 하나로 만드신 분이십니다. 그는 유대 사람과 이방 사람 사이를 가르는 담을 자기 몸으로 허무셔서, 원수된 것을 없애시고, 여러가지 조문으로 된 계명의 율법을 폐하셨습니다. 그분은 이둘을 자기 안에서 하나의 새 사람으로 만드셔서, 평화를 이루시고, 원수 된 것을 십자가로 소멸하시고 이 둘을 한 몸으로 만드셔서 하나님과 화해시키셨습니다"(엡 2:14-16).

오늘의 기록에서 나타나는 하나님이 믿는 이들에게 요구하는 희생 혹은 헌신의 성격이 어떠한지를 살펴보자.

희생 요구와 하나님

첫째, 하나님은 인간에게 지나친 희생을 요구하시는 분이아님을 보게 된다.

하나님은 성막 건축을 위하여 여러 가지 자재들을 헌납할것을 바라고 계신다. 그러나 하나님은 이에 대하여 이렇게 말씀하신다. "당신들은 각자의 소유 가운데서 주님에게 바칠 예물을 가져오십시오."

믿음 생활에서 희생과 헌신이라고 하는 개념은 매우 중요하다. 바침과 드림이 없다고 한다면 믿음 생활은 한낱 말의 유희에서 벗어나지 못할 것이다. 바침과 드림이 없는 믿음 생활은 정신적 놀이 외에는 아무 것도 아닐 것이다.

그럼에도 불구하고 바침과 드림이 지나치게 되어 인간의 한계를 넘어서는 것이 되어서는 안 될 것이다. 하나님은 우리의 분수와 형편에 맞게 가진 소유 가운데서 예물을 드리라고 말씀하신다(출 35:23-24을 보라).

### 인간의 행복과 하나님

그것은 하나님께서 우리의 형편을 너무나도 잘 알고 우리를 사랑하시기 때문이다. 지나친 희생과 헌신 그리고 맹목적인 드림을 원하는 것은 진정한 하나님의 모습이 아니다.

그것은 인간의 행복과 구원은 아랑곳하지 않고 자신만을 위하는 이방신, 거짓 신들의 모습일 뿐이다. 하나님이 원하시는 것은 우리들이 행복하게 살아가면서 잃어버린 하나님의 형상을 삶을 통하여 회복하는 것이다.

### 마음을 원하시는 하나님

두 번째로 하나님은 우리들의 마음을 원하신다.

"바치고 싶은 사람은 누구나 주님께 예물을 바치십시오." 하나님이 원하시는 것은 우리의 바치고자 하는 자원하는 마음이다. 하나님은 어떠한 제도나 법을 통하여 우리로 하여금 억지로 바치게 하지 않으신다(5절).

하나님께 드리는 예물은 첫째는 세금의 성격을 띠어서는 안 된다. 강제로 바치는 것이 되어서는 안 된다. 그것이 법이건 제도이건 어떠한 모습이라도 세금의 성격을 가져서는 진정한 예물이 될 수 없다.

두번 째로 하나님께 드리는 예물은 투자의 성격이 되어서는 안 된다. 그것은 하나님을 향한 순수한 감사의 표시가 되어야 한다. 그것은 하나님이 우리가 가진 모든 것의 주인이심을 고백하는 신앙의 행위가 되어야 한다.

그것이 투자의 성격을 띠어 많은 열매를 맺게 해 줄 수 있다고 믿는다든지 혹은 나의 창고가 넘치도록 채워 주신다는 생각과 연결 되어서는 진정한 의미의 예물이 될 수 없음을 기억하자. 하나님이 원하시는 것은 순수한 우리의 마음임을 깊이 명심해야 할 것이다.

## 하나님의 일

셋째로 하나님을 향한 순수하고 마음을 다한 드림과 바침이 이루어지게 되면 그러한 사람들을 통하여 하나님은 자신의 일을 해 나가신다.

"주님께서는 그들에게 기술을 넘치도록 주시어… 모든 일을 할 수 있게 하시고 여러 가지를 고안하게 하셨습니다"(36절). 하나님의 일은 억지로 되는 것이 아니다. 그것은 자원하는 순수한 믿음의 사람들이 하나님으로부터 능력을 받아서 하는 것이다.

인간의 노력이 아닌 하나님의 능력 주심이 출발점이 되어야 함을 깨달아야 할 것이다. 하나님의 일은 드림과 바침을 통하여 이루어짐을 기억하자. 하나님은 사람들을 통하여 자신의 나라를 확장해 나가고 있음을 생각하면서 오늘도 하나님의 일을 열심히 감당하는 우리가 되어야 할 것이다.

### oratio

주님께 우리의 마음과 사랑을 드립니다. 주님을 향한 저의 뜨거운 열정을 바칩니다. 우리의 삶을 드립니다. 주님의 뜻 안에서 주님의 도구로 사용하여 주소서.

### contemplatio

우리의 소유가운데서

### actio

내가 진정으로 주님께 드려 하나님 나라를 위하여 사용되어질 수 있는 것이 무엇인가를 구체적으로 생각해 보고 영성 일지에 기록해 보자(재물, 지식, 기능, 교제, 돌봄, 중보기도 등등).

# 36

## 오히려 남을 만큼 있었다

**Lectio**

본 문: 출애굽기 36장 1절부터 38절까지
찬 송: 370장(주 안에 있는 나에게)

**Meditatio**

### 브살렐과 오홀리압

하나님은 성막 공사의 책임자로 브살렐과 오홀리압을 세우셨다. 그러나 이것은 두 사람이 모든 것을 주도하는 것을 의미하지 않았다. 주님은 이 두 사람 외에도 모든 사람이 참여하도록 하셨다.

여기서 다시금 강조되는 것은 하나님 나라는 모든 사람의 참여에 의해서 이루어지는 것이다. 엘리트 중심이 아닌 모든 사람들의 참여가 요구되는 것이 하나님의 나라이다.

오늘 우리는 모두 하나님 나라의 건설에 참여하도록 하나님으로부터 부르심을 받고 있다. 하나님의 음성을 듣고 그 사역에 참여하게 될 때 우리는 진정 믿는 사람으로서의 삶을 살아가게 된다.

## 중요한 원칙

성막 건축에 참여하는 사람들이 지켜야 할 가장 중요한 원칙이 있었다. 그것은 다름 아닌 "모든 것을 주님께서 명하신 대로 만들어야 하는 것"이다. 성막은 사람의 취향과 생각, 계획이 아니라 하나님의 계획과 목적을 향해야 한다.

믿음에서 중요한 것은 믿음의 초점을 하나님에게로 맞추는 것이다. 하나님을 내 편으로 만들려는 시도를 버리고 내가 하나님 편에 서려는 노력을 해야 하는 것이다. 하나님을 나의 목적을 이루는 수단으로 생각하지 말고 내가 하나님 손에 들려 있는 하나님 나라의 건설을 위한 도구가 되겠다는 생각으로 변화되어야 한다.

## 가져온 예물들

사람들은 성막 건축을 위해 예물들을 가지고 왔다. 그들은 있는 자리에서 자신의 소유 가운데서 하나님께 드릴 예물들을 가지고 왔다. 강제성이 없는 예물 드림!

모두가 자원하여 기쁜 마음으로 하나님께 정성껏 드리는 예물은 얼마나 아름다운 것인가. 희생이 아니라 드림으로 가지고 오는 예물들은 얼마나 귀한 것인가.

이렇게 하나님에게 드린 예물은 이방신이나 잡신들에게 바치는 예물과는 질적인 면에서 차이를 보이고 있다. 하나님께 드리는 예물은 인간의 고통이나 눈물로 점철된 피 묻은 물건들이 아니다. 하나님께 드리는 예물은 인간의 감사, 기쁨, 희망, 사랑이 가득 찬 아름다운 것들이다.

## 예물의 특징들

오늘 기록에는 예물 드림의 모습에서 두 가지 특징을 찾아볼 수 있게 한다.

첫째는 사람들이 아침마다 계속해서 예물을 가지고 왔다는 것이다. 그렇다. 그들은 진정 자원하는 마음으로 예물을 가지고 왔다. 왜 그들은 기쁜 마음으로 가져왔을까?

## 올바르게 사용하기

무엇보다도 그들은 드리는 예물들이 하나님의 계획대로 올바르게 쓰일 것을 알았기 때문이다. 이 예물을 가지고 성막을 만드는 사람들이 오직 하나님의 명령하신 대로 만들 것을 알았기 때문이다.

자원해서 바치는 예물, 그것은 바치는 사람들의 마음도 문제지만 그것을 사용하는 사람들의 마음의 자세에서도 비롯되고 있음을 우리는 기억해야 한다. 하나님의 명령대로 사용하게 될 때 아침마다 자원하는 예물을 가져오는 사람들은 늘어날 것이다. 서로 기쁜 마음으로 예물을 바치게 될 것이다.

과연 오늘 우리는 주님의 뜻에 맞게 예물들을 사용하면서 하나님 나라를 건설하고 있는 것일까? 예물이 없음을 한탄하기 이전에 오늘 교회가 과연 하나님 뜻에 따라서 헌물들을 사용하고 있는 가를 돌아보아야 할 것이다.

## 부족함이 없음

두 번째로 드려진 예물은 모든 일을 하기에 넉넉할 뿐만 아니라 오히려 남을 만큼 있게 되었다. 모세가 사람들에게 더 이상 예물을 가져오지 말라고 알릴 정도가 되었다.

얼마나 놀라운 장면인가? 믿는 사람들의 삶의 모습이 이러해야 한다. 하나님 나라 건설은 억지로 하는 것이 아니다. 자원하고 또 그것을 제대로 사용하게 될 때 우리가 부족한 것은 없어질 것이다.

"예물을 어떻게 많이 모을까?"의 방법론의 문제가 아니라 근본적인 하나님을 중심으로 살아가가겠다는 믿음의 문제가 중심이 되고 있다.

## 부족한 것은 믿음

그렇다. 오늘 우리에게 부족한 것이 있다고 하면 믿음이다. 올바른 믿음, 하나님이 나의 삶의 중심이 되는 그 믿음이 부족한 것이다. 그런데도 사람들은 오늘 교회의 위기를 방법론의 부재에서 찾는다. 효과적인 방법의 도입이 교회의 위기를 극복하게 할 수 있다고 보는 것이다.

아, 얼마나 어리석고 본질을 파악하지 못하는 일인가. 하나님 나라의 일은 오직 믿음으로만 이루어질 수 있는 것이다. 오직 의인은 믿음으로만 살아가는 것이다. 믿는 이들의 삶은 믿음이 기초를 이루는 것이다. 믿는 사람은 보이지 않는 믿음을 중심으로 살아간다.

### 믿음의 회복, 우리의 살 길

성막을 건축하는 사람들이 가져온 예물이 차고 넘쳐났다. 강제가 아닌, 효과적인 방법을 전혀 사용하지 않았는데도 그들에게는 모든 것이 넘쳐났다. 우리에게 이러한 믿음이 있는 것일까?

우리는 오늘 출애굽기의 기록을 읽으면서 우리의 믿음의 부족을 한탄해야 한다. 방법론을 찾지 말자. 믿음의 본질인 하나님을 향한 신뢰를 회복해야 한다. 다시금 하나님이 우리 삶의 중심에 오시도록 삶의 자리를 그분에게 드려야 한다. 믿음의 회복, 이것만이 우리를 진정 풍요로운 삶으로 인도해 갈 것이다.

### oratio

나의 가진 것의 많고 적음이 아니라 믿음의 문제임을 깨닫게 하소서. 의인은 오직 믿음으로 살아가는 것임을 깨닫고 오직 하나님 나라를 향한 굳은 믿음으로 살아가겠습니다. 주님, 우리와 함께 하소서.

**contemplatio**

오히려 남을 만큼 있었다.

**actio**

주님의 뜻을 실천하면서 살아갔을 때 주님이 차고 넘치는 은혜로 채워 주신 삶의 경험이 있었는가를 생각해 보고 믿음의 친구들과 그 경험을 나누어 보자.

**37**

# 성막 공사를 시작하다

**Lectio**

본 문: 출애굽기 37장 1절부터 29절까지
찬 송: 361장(기도하는 이 시간)

**Meditatio**

### 건축 과정

성막 건축을 위한 예물들이 차고 넘쳤다. 이제 하나님의 뜻에 합당한 사람들이 건축을 담당하게 되었다. 그들은 오직 하나님의 뜻 가운데서 그분의 명령에 의해서 성막을 건축하게 될 것이다.

성막 건축에서 제일 중요한 것은 겉으로 드러나는 외형이 아니었다. 과정이 과연 하나님의 섭리에 합당한 것인가 혹은 그렇지 않은가, 무엇보다 건축 과정이 중요했다. 하나님 나라의 사역은 이처럼 하나님 중심으로 이루어져야 하는 것이다.

오늘 우리는 하나님의 사역을 감당하면서 인간의 뜻과 가치관을 앞세우는 일이 얼마나 빈번한가. 우리는 순간마다 과연 우리가 하는 일이 하나님 나라에 합당한 것인가를 부지런히 묻지 않으면 안 될 것이다.

## 짝이 맞다

성막 건축에서 특이할 만한 기록을 36장에서 찾아본다. 성서는 성막 건축에 대해 설명하면서 수차례에 걸쳐 다음과 같은 기록을 남기고 있다. "정교하게 수를 놓아서 짠 것이다"(36:8), "폭마다 그 치수가 모두 같았다"(36:9), "이와 같이 하여 서로 맞물릴 수 있게 하였다"(36:11), "두 쪽의 선을 서로 이어서 한 성막이 되게 하였다"(36:13).

성막은 모든 재료들이 서로 어우러져서 짝이 맞춰지는 것을 근간으로 하고 있었다. 성막을 만드는 데 소요되는 재료들은 서로 다른 것들이었다. 나무도 있고 돌도 있고 금속도 있었다.

다른 요소들이 서로 다른 용도로 사용되면서도 결국 서로 정교하게 만들어져서 서로 이어지고 맞물려져서 한 성막이 되는 것이다. 성막 건축은 하나님 나라는 조화의 나라임을 상징적으로 보여주고 있다.

어느 한 재료가 특출하게 돋보이는 것이 아니다. 서로가 각자의 임무를 다함으로 성막이라고 하는 하나의 중요한 집을 만들어 내고 있다.

## 성령의 정교한 손길

이렇게 되기까지에는 무엇보다도 숙련된 건축가들의 "정교한 손길"이 있었다. 서로 다른 것들이 서로 짝을 이루어 맞물려질 수 있었던 것은 다름 아닌 정교한 손길에 의한 것이었다. 하나님 나라는 성령의 "정교한 손길"로 이루어진다.

성령이 우리를 "정교한 손길"로 다듬어서 한몸을 이루게 만든다. 성령의 만짐없이 한몸을 이룰 수 없을 뿐만 아니라 감히 하나님의 일을 할 수 없음을 깊이 깨달아야 한다.

성령의 "정교한 손길" 없이는 우리는 무딘 재료로서 살아갈 뿐이다. 죄인인 우리가 거룩한 하나님 나라의 건설에 도구로 쓰임 받을 수 있는 것은 성령의 정교한 손길에 의한 것이다.

## 내부 공사

직공들은 계속해서 외부 성막을 만들고 내부 공사를 계속하였다. 그들은 언약궤를 만들었다. 상을 만들기도 하고 또 등잔대를 만들었다. 분향 단을 만드는 등 그들은 내부 공사에 심혈을 기울였다.

성막 공사는 단지 외부 공사로만 끝나는 것이다. 성막 외형도 중요하였지만 그 안에 들어 있는 내용물이 더 중요하였다 내용물은 성막에서 무엇을 해야 하는 가를 결정하는 중요한 것이었다. 아무리 좋고 화려한 외형을 갖춘 성막이라고 할지라도 그 내부의 내용이 부실하다면 그것은 아무런 의미를 주지 못한다.

## 내용물들

성막 내부에 있는 언약궤, 상, 등잔대, 분향단, 기름과 각종 향료, 번제단 등은 성막의 사용 목적을 보여주는 중요한 내용물들이다. 성막은 이러한 기구들을 통하여 하나님께 예배드리는 것을 최고의 목적으로 삼고 있다.

성막이 하나님을 경배하는 목적을 제대로 지키지 않을 때 그 순간부터 성막의 존재 가치는 소멸된다. 오늘 우리 교회는 하나님을 예배하고 그분으로부터 힘을 받아 각자의 삶의 현장에서 실천적인 삶을 살기 위한 것을 존재 목적으로 삼고 있다.

하나님을 예배하고 그분의 뜻대로 살아감이 사라진다면 그 순간부터 교회는 그 존재 기반을 상실하게 됨을 우리는 기억해야 한다.

## 순금으로 된 기구들

언약궤와 상 그리고 분향단에 들어가는 중요한 재료들은 아카시아 나무와 순금이었다. 그러나 그 상에 올려지는 대접과 종지 그리고 부어 드리는 제물을 담을 병과 잔은 순금으로 만들어야만 했다.

그렇다. 하나님에게 바쳐지는 제물을 담는 그릇은 순금이어야 한다. 순금은 어느 종교에서나 순전함을 상징하고 있다. 순수한 다른 어떤 불순한 것이 혼합되지 않는 순전함을 의미한다.

## 순전함

하나님을 향하는 마음은 다른 어떤 불순한 의도가 있어서는 안 된다. 하나님을 섬기고 그 분을 예배하고 순종하고 믿고 따르는 것은 하나님이 오직 우리의 하나님이시며 우리 삶의 주인이라고 하는 한 가지 이유여야만 한다.

하나님을 통하여 자신의 욕망을 이루고자 하는 의도가 있어서는 안 된다. 우리의 하나님을 향한 드림은 순수함이 있어야 한다. 오늘 우리에게 믿음의 순수성이 있는가? 우리는 하나님을 향하여 순전한 마음을 드리고 있는 것일까?

### oratio
저희들을 성령님의 손길로 다듬으셔서 우리로 하여금 주님의 사역에 알맞은 도구와 재료들이 되게 하소서.

### contemplatio
순전한 마음

### actio
더 좋은 하나님의 사람이 되기 위하여 나의 삶에 성령님

의 정교한 손길이 필요한 부분이 어떤 것인가를 생각해 보
고 이를 위해 기도하자.

## 38

여인들의 놋 거울

**Lectio**

본 문: 출애굽기 38장 1절부터 31절까지
찬 송: 286장(주 예수님 내 맘에 오사)

**Meditatio**

### 브살렐의 임무

성막 내부 기구들을 만드는 일은 브살렐이 도맡아 하게 되었다. 브살렐은 '하나님의 보호 아래 있는 자'라는 의미로, 성막 건축의 책임자로 부름 받았다. 그는 유다의 6대손이다. 하나님은 성막의 세밀한 일을 위하여 브살렐를 지명하여 부르라고 하셨다. 하나님은 그에게 성령을 충만케 하시고 지혜와 총명과 지식과 여러 재주로 정교한 일을 연구하도록 했다.

### 하나님의 부르심

그리고 아주 세밀한 금과 은과 놋으로 만드는 일과 보석의 세밀한 가공 등을 다루도록 하셨다. 우리는 하나님의 일은 우리의 능력과 재능으로 하는 것이 아니라 하나님의 부르심에서 시작된다는 것을 보게 된다. 무엇보다 하나님의 부르심이 모든 일에 앞선다는 것을 깨닫게 된다. 하나님의 부르심에 대한 재인식은 오늘을 사는 그리스도인들이 가져야 할 매우 중요한 삶의 태도이다.

많은 믿는 사람이 이러한 하나님의 부르심에 대한 확신을 갖지 못한 채 살아가기도 한다. 부르심에 대한 정체성을 잃고 세상의 흐름에 자신의 삶을 맡긴 채 살아가고 있다.

하나님의 부르심에 대한 확신은 세상의 삶에서 우리로 하여금 믿는 이로서의 정체성을 분명하게 할 뿐만 아니라 삶의 방향을 분명히 하게 도와준다. 오늘 우리는 하나님의 부르심에 대한 확신을 가지고 있는가?

## 더 하시는 성령의 능력

브살렐은 본래 정교한 일을 하는 데 있어서 예술적인 재능이 많았던 사람이다. 그러나 그는 인간적인 재능만 가지고 성막 건축의 일을 감당하지는 않았다. 그의 예술적인 재능 위에 하나님께서 더하시는 성령의 능력이 있었다. 그래서 브살렐은 성막을 건축하는 데 있어서 본질에서 벗어나지 않고 건축 본래의 목적을 잘 살릴 수 있었다.

하나님은 우리를 각자가 가진 재능에 따라서 가장 적절한 기능을 담당하도록 부르신다. 어떠한 재능을 가지고 있는 가를 파악하고 있는 것은 매우 중요하다.

우리의 삶에 있어서 자신이 가지고 있는 재능에 따라서 일을 하고 있는 것은 매우 행복한 일이 아닐 수 없다. 그러나 그것보다 더 중요한 것은 하나님이 더해 주시는 능력으로 일하며 사는 것이다. 브살렐처럼 하나님의 능력이 우리의 삶에 임할 것을 위하여 기도하자.

## 하나씩 완성되어가는 기구들

브살렐의 주도하에 성막 내부 기구들이 하나 둘씩 완성되어 갔다. 언약궤가 만들어지고, 상과 등잔대, 번제단과 놋 물두멍이 만들어졌다. 점차 성막은 완성 단계에 들어서고 있었다. 출애굽기 38장에서 언급되는 성전 내부 기구 중 우리는 번제단과 놋 물두멍에 대하여 주의를 기울여 볼 것이다.

## 속이 빈 번제단

먼저, 번제단의 특징 중의 하나는 널빤지로 속이 비게 만들었다는 것이다. 번제는 제단에 제물로 바쳐지는 산 짐승을 말하는 명사(名詞)인데, 희생을 제단 위에서 불로 태워 그 연기냄새가 하늘로 올라가게 하였다.

번제는 하나님에 대한 봉헌자(奉獻者)의 모든 헌신을 상징하는 동시에 속량(贖良)의 의미도 포함되어 있었다. 번제는 매일 희생물을 바치는 외에도 속죄일(레 6장)과 3대 절기에도 드렸다.

희생의 대상이 되는 동물은 흠이 없는 수컷에만 한하여,

주로 소·양·염소 등을 썼는데 가난한 이들의 경우에는 산비둘기·집비둘기 등을 희생으로 바치기도 하였다. 그러한 번제를 드리는 번제단의 속이 비게 만들었다는 것은 매우 의미가 깊다.

번제는 무엇보다도 헌신을 의미했는데 이렇듯 하나님께 우리의 삶을 바친다는 것은 남김없이 드리는 것을 의미하는 것이 아니겠는가. 예수님이 우리의 죄를 위하여 자신의 삶을 남김없이 드렸듯이 우리도 주를 위해 우리의 삶 전체를 드리는 것이 아닌가.

나의 삶에서 하나님께 드리지 못할 부분이 어디에 있는가? 헌신은 우리 삶의 모든 분야를 드려서 비게 만드는 것이다.

### 물두멍

두 번째로 물두멍은 받침과 더불어 놋으로 만들어졌는데 그 놋은 외막 어귀에서 봉사하는 여인들이 바친 놋 거울에서 나온 것이다. 얼마나 아름다운 일인가. 여인들이 자신들이 사용하던 소중한 거울을 녹여서 물두멍을 만든 것이다.

물두멍은 물을 담아서 저장하는 큰 용기이다. 물두멍은 제사장들이 제단에 와서 하나님을 섬길 때에 그곳에서 손과 발을 씻어서 죽음을 면케 하는 역할을 하고 있다. 이 물은 목욕용으로 쓰이는 것이 아니었다. 매일 매일의 삶 속에서 우리가 짓고 있는 삶의 죄를 씻어내는 상징적인 의미를 가지고 있다.

### 여인의 놋 거울처럼

우리는 매일의 삶 속에서 여인들이 사용하는 놋 거울처럼 습관적으로 하는 일 속에서 죄를 짓고 살고 있다. 어쩌면 의식하지 못한 채 죄 속에서 살아가고 있다. 습관화된 죄를 하나님 앞에서 매일매일 씻어가며 살아가야 할 것이다.

여인들의 놋 거울로 물두멍을 만들었던 것은 매일매일 거울을 보는 것처럼 우리 자신의 삶의 모습을 들여다보면서 하나님의 말씀으로 더러운 것들을 씻어내라는 의미는 아닐까? 매일 물두멍 앞에 서 보자. 그리고 우리의 행실을 씻어 나가자.

### oratio

여인이 매일 놋 거울을 사용하여 자신의 모습을 돌아보듯이 하루하루의 삶에서 스스로 돌아보고 더러움으로부터 지켜 나가겠습니다. 우리를 도와주소서.

### contemplatio

놋 거울과 물두멍

### actio

잠자리에 들기 전 놋 거울을 들여다보면서 오늘 하루 어떤 더러움이 묻었는가를 살펴보고 회개의 기도를 드려 보자.

## 39

성막 공사가 끝나다

**Lectio**

본 문: 출애굽기 39장 1절부터 43절까지
찬 송: 510장(하나님의 진리 등대)

**Meditatio**

공사의 막바지

성막 공사의 막바지에 접어들고 있다. 출애굽기는 28장에 이어 또 다시 성막에서 하나님께 예배드리는 일을 전문적으로 맡아서 하는 성직자, 제사장들의 의복에 관한 설명을 반복하고 있다. 성막을 지을 때에 누차 강조되었던 것처럼 오늘의 기록에서도 또 다시 모든 것은 "주님께서 모세에게 명하신 대로" 이루어졌다.

제사장의 의복들

에봇은 히브리어로 계시 혹은 신탁이라는 의미를 갖고 있으며 제사장 예복의 한 부분으로서 대제사장의 옷 어깨에 붙인 천 조각을 가리킨다. 에봇에는 특히 하나님의 뜻을 물을 때 쓰는 제비인 우림(빛)과 둠밈(온전함)이 붙어 있는 주머니 같은 것이었다.

에봇을 입은 제사장은 무엇보다도 하나님의 뜻을 깨닫는 것이 가장 중요한 일이었다. 그는 늘 하나님과 깊은 관계를 가지면서 하나님의 백성들을 향한 뜻이 무엇인가를 파악해야 한다.

## 에봇을 입은 제사장

에봇을 입은 제사장은 하나님의 뜻을 받은 사람들이었다. 계시 혹은 신탁이라는 의미의 에봇은 멜빵을 통하여 그 길이를 조정하게 함으로서 늘 제사장의 몸에 잘 맞도록 만들어져 있다.

제사장은 에봇이 늘어지거나 작아지게 되면 멜빵을 이용하여 자신의 몸에 잘 맞도록 조치를 취해야 했다. 하나님의 사람들은 멜빵을 이용하여 자신의 삶을 하나님의 뜻에 맞도록 맞추어 나가야 한다.

## 삶을 조정하는 기구

살다보면 흩어지기 쉬운 우리의 생활과 마음을 멜빵을 조정함으로 하나님의 뜻에 맞도록 만들어 나가야 한다. 오늘 우리에게 에봇의 멜빵은 무엇일까?

그것이 고난일 수도 있을 것이며 혹은 깊은 기도를 통한 깨달음이 될 수도 있을 것이다. 하나님 말씀의 멜빵을 멜 수도 있을 것이다. 이러 저러한 모양의 멜빵을 통하여 우리가 입고 있는 에봇을 잘 조절하여 하나님 나라의 가치관에 걸 맞는 삶을 살아가는 우리가 되어야 한다.

## 거룩한 옷

제사장의 옷은 거룩한 옷이다. 옷은 한 사람의 인격을 외부로 표현해 주는 것이다. 하나님의 뜻을 신탁 받은 제사장들의 옷은 거룩한 옷이어야 한다. 외부 사람들과 분별이 없는 똑같은 삶을 살아갈 수는 없다.

제사장이 세상을 향하여 보여 줄 수 있는 것은 거룩한 삶의 모습이다. 세속의 유행이나 흐름에 자신의 삶을 맡기지 않고 오히려 그 물결을 거슬러 올라가면서 하나님 나라를 향하고 있는 삶의 모습을 확실하게 보여주는 것이다.

## 무슨 옷을 입고 있는가?

제사장들이 명예나 혹은 자기 욕망 성취의 옷을 입고 하나님과 사람 앞에 설 수는 없다. 그러나 요즘 한국교회의 실태를 살펴보자. 의외로 많은 목사가 학위 가운을 입고 그것을 자랑하며 강단에 서서 설교하는 모습을 자주 목격하게 된다.

그것은 하나님의 사람으로서 살아가는 모습이 아니다. 우리는 이러한 명예의 옷을 벗어 던지고 하나님이 주시는 믿음의 옷으로 바꿔 입어야 한다.

## 가슴 받이

제사장이 입는 옷에는 가슴 받이가 있었다. 가슴 받이에는 모두 열두 개의 보석을 달도록 하였다. 그리고 그 보석에는 이스라엘 열두지파의 이름을 새겨 놓았다. 제사장은 하나님의 뜻을 백성들에게 전해주는 역할을 감당할 뿐만 아니라 이스라엘 온 백성들을 가슴에 품어야 하는 사람이었다. 광야의 생활에서 지치고 힘든 이스라엘 백성들에게 하늘로부터 내려오는 아름다운 하늘의 양식들을 공급해 주어야 했다.

제사장은 가슴이 뜨거운 사람이어야 한다. 자신의 가슴으로 백성들을 품고 백성의 아픔이 자신의 아픔이 되고 백성들의 기쁨이 자신의 기쁨이 되는 뜨거운 가슴의 사람이어야 한다.

하나님의 사람들은 세상을 가슴에 품고 살아야 한다. 죽어가고 있는 세상을 사랑하고 그 세상을 구원하기 위하여 이 세상을 가슴에 품어야 한다. 이스라엘 열두지파들의 이름을 새기듯이 세상 모든 사람들이 언젠가는 하나님을 인정하고 하나님을 믿도록 이들을 가슴에 품고 다녀야 한다.

## 순금 패

성직자가 입는 옷의 관에 붙이는 패는 순금으로 만들어야 했다. 순금, 그것은 깨끗함이다. 불순물질이 없는 매우 귀한 것이다. 하나님의 사역을 하고자 하는 사람들에게서 찾아보아야 할 것은 어떤 다른 의도가 없는 순수한 하나님 나라의 확장을 위한 헌신이 있느냐 혹은 없느냐의 문제가 아닐까?

오늘 우리에게 부족한 것은 순금 같은 순전함이다. 순전함과 순수함을 회복할 수 있느냐가 한국교회가 21세기에도 여전히 하나님 나라를 전파하고 그 나라 건설의 도구로 쓰임을 받게 만들 것이다.

## 주님의 성직자

성직자의 관에 붙어 있는 패에는 '주님의 성직자'라고 새겨 놓아야 했다. 우리는 주의 성직자로 살아간다. 머리의 관에 기록되어 있기에 모든 사람이 보게 될 것이다.

오늘 우리 믿는 사람들의 행동거지는 다른 사람들에게 공개되어 있다. 사람들은 우리의 착한 행실을 보고 하나님 아버지께 영광을 돌릴 것이다. 우리의 머리 관에 쓰여 있는 주님의 성직자라는 이름에 걸 맞는 아름다운 삶을 살아가야 할 것이다. 그곳에 기록되어 있는 글자를 더럽혀서는 안 된다.

### oratio

사랑과 평화와 겸손의 옷으로 갈아입겠습니다. 그리고 세상을 향하여 주님의 말씀을 우리의 삶으로 힘차게 선포하겠습니다.

268

우리가 입고 있는 옷은 무엇인가?

내가 입고 있는 옷은 어떤 옷인가를 살펴보자. 그리고 그
리스도의 옷으로 정의와 평화와 사랑의 옷으로 갈아입자.

# 성막이 봉헌되다

Lectio

본 문: 출애굽기 40장 1절부터 38절까지
찬 송: 546장(주의 약속하신 말씀 위에서)

Meditatio

### 주의 명령대로

성막 공사가 끝나고 봉헌을 하게 되었다. 성막 공사는 2년 만에 마치게 되었고 이제 남은 것은 주에게 그것을 봉헌하는 것이다. 성막 공사의 모든 과정 속에서 제일 중요하게 여겨진 것은 "주께서 모세에게 명하신 대로 하는 것"이었다.

믿는 이들의 삶에서 가장 중요한 것은 무엇일까? 주께서 명하신 대로 하는 것이다. 주의 말씀을 중심으로 삶을 살아가는 것이다. 세속적인 가치관 속에서의 성공 혹은 실패 여부가 중요한 것이 아니다.

인생의 성공과 실패여부를 누가 감히 판단할 수 있을 것인가? 하나님의 말씀하신 대로 살아온 인생이야말로 하나님에게는 성공적인 삶으로 간주되는 것이다. 성막은 주께

서 모세에게 명령하신 대로 만들어졌고 하나님께 봉헌하
게 되었다.

## 성막 봉헌을 위한 지시사항

하나님은 성막 봉헌을 위하여 몇 가지 지시사항을 모세에
게 말씀하신다. 그 첫째는 증거궤를 들여 놓고 휘장으로 그
궤를 가리라는 것이다. 성전은 하나님의 임재를 의미하고
상징하는 증거궤가 중심이 되어야 한다.

성막의 존재 근거는 건물 자체에 있는 것이 아니다. 증거
궤가 성막이 존재해야 하는 이유와 정당성을 주고 있는 것
이다.

## 휘장에 가린 증거궤

증거궤는 휘장으로 가려져 있어야 한다. 하나님의 임재와
하나님에 대한 증거는 함부로 이루어지는 것이 아니다. 가
볍게 생각되고 가볍게 취급되어질 것이 아니다.

증거궤가 휘장으로 가려 있듯이 하나님의 존재는 우리에
게 늘 가려 있다. 하나님은 우리의 지적인 능력 혹은 우리의
영적인 능력으로 완전하게 파악되어지는 분이 아니다. 하나
님은 늘 휘장 속에 가려져 계심으로 우리에게는 언제나 신
비로 남아 있는 분이다. 그러므로 우리는 하나님에 대하여
함부로 말을 해서는 안 될 것이다.

## 기름 바름

두 번째로 모든 성전의 기구는 기름을 발라서 그것을 거룩하게 구별해야 한다. 성막 봉헌의 중요한 과정 중의 하나는 기름 바름이었다. 기름을 바름으로써 다른 기구들로부터 구별하는 것이다.

성전에서 사용하는 모든 기구는 비록 그것들이 일상생활에서 사용되어지는 것이라 할지라도 구별되어야 한다. 성막이 봉헌되어 거룩하게 되었듯이 그 안에서 사용되는 모든 기구도 거룩해야 한다.

하나님의 임재가 있는 교회 안에서 신앙생활을 하고 있는 우리도 교회가 거룩하게 구별되듯이 우리의 삶도 그렇게 구별되어야 한다. 성전 안의 기구처럼 믿는 이들의 삶이 거룩하게 구별될 때 올바른 성막 봉헌이 이루어지는 것이다.

우리의 삶을 거룩하게 구별함으로써 우리가 섬기고 있는 교회가 거룩한 교회임을 세상에 보여주어야 할 것이다. 믿는 이들의 삶이 여러 면에서 믿지 않는 사람들과 구별되어야 한다.

## 기름 부음 받은 제사장

아론을 비롯한 제사장들도 기름 부음을 받아 거룩하게 구별되었다. 기름 바름과 부음 없이 우리는 거룩해질 수 없다. 거룩함과 구별되어짐은 우리의 힘으로 되는 것이 아니다.

도덕적인 훈련과 수련을 통하여 이루어지는 것도 아니다.

제도를 통하여 인간이 거룩하고 구별되어질 수 없음을 우리는 인류의 역사를 통하여 알고 있다.

아론을 비롯한 제사장들이 기름부음을 받아 거룩하게 구별되었듯이 우리도 성령의 기름부음을 받지 않고서는 결코 구별된 삶을 살아갈 수 없다. 오직 하나님의 영을 의지하고 영의 능력이 임하게 될 때 우리의 삶은 변화될 것이다.

성막 봉헌은 이처럼 성령의 기름부음으로 인하여 거룩해진 사람들에 의해서 완성되고 하나님께 바쳐지는 것이다.

### 성막을 봉헌하다

모세는 이러한 모든 과정을 거쳐서 성막을 봉헌하게 되었다. 하나님의 명령대로 성막을 건축하였다. 그 성막은 증거궤를 통하여 하나님이 임재하시는 곳임을 분명히 하였다. 기름부음을 통하여 성막의 내부기구들은 물론이요 아론을 비롯한 제사장들을 거룩하게 구별하였다.

그들은 하나님께서 명령하신 예식대로 향을 피우고 동물을 잡아 제사를 드렸다. 모세가 지은 성막은 오직 하나님의 말씀이 중심이 되어 건축되었다. 이렇게 건축이 완성되고 하나님께 봉헌되었다.

## 그 때에 구름이

오늘의 말씀은 모세의 성막 봉헌을 보도하면서 이렇게 기록하고 있다. "그 때에 구름이 회막을 덮고, 주님의 영광이 성막에 가득 찼다." 얼마나 아름다운 장면인가! 그 성막에 하나님의 영광이 가득 찼다.

오늘 우리 교회가 추구해야 할 모습이 무엇인가? 화려한 외형이 아니다. 남에게 자랑할 만한 교세가 아니다. 우리가 진정으로 회복해야 할 것은 하나님의 영광이 가득 찬 성막이다.

하나님이 살아 계시다는 것을 모든 사람에게 보여 줄 수 있는 건 그러한 성막이 아니겠는가. 사람들이 교회를 향하여 요구하는 것은 최첨단의 문화시설이 아니다. 오직 하나님의 영광이다. 사람들이 교회를 통하여 하나님의 영광을 접하고 그 영광 앞에 머리를 숙이고 하나님을 경배하도록 만들어야 하는 것이다.

오늘 우리의 교회는 하나님의 영광으로 가득 차 있어 사람들로 하여금 하나님을 볼 수 있게 하고 있는가? 성막의 진정한 봉헌은 하나님의 영광으로 가득 차 있는 성막을 이루는 것이다.

### oratio

성전이 봉헌 되었을 때 그 위에 하나님의 영광이 가득한 것을 보았습니다. 오늘 우리의 성전도 하나님의 위대하심과

274

영광을 드러내는 교회가 되도록 하나님의 사람으로 살아가 겠습니다.

우리를 도와주소서.

이제 출애굽기를 다 읽으면서 주님께 간구하오니 주님에 의해 이집트 노예의 삶에서 해방된 이스라엘 백성들처럼 우 리도 우리를 얽매고 있는 모든 죄악과 욕망으로부터 해방되 어 하나님이 지시한 삶을 살아가겠습니다.

우리와 함께 하소서.

**contemplatio**
진정한 성막 봉헌

**actio**
우리의 삶을 하나님께 봉헌하는 기도문을 작성해 보자.

## 함께 읽으면 좋은 책

『기도수업, 침묵, 알아차림 그리고 관상』
마틴 레이드 지음, 이민재 옮김, 한국 살렘

『침묵수업. 관상기도를 위한 안내서』
마틴 레어드 지음, 이민재 옮김. 한국 살렘

『말씀 묵상기도』
이경용 지음, 스테스톤 출판사

『말씀에서 샘솟는 기도』
엔조 비양키 지음, 이연학 옮김, 분도출판사

『요한과 함께 하는 한 주간의 렉시오 디비나』
이상각 지음, 성바오로 출판

『침묵의 대화』
토머스 키팅 지음, 엄무광 옮김, 가톨릭출판사

『수도전통에 따른 렉시오 디비나 1, 2』
허성준 지음, 분도출판사